# 무등산은 하늘이어라

현 대 수 필 가 1 0 0 인 선 II · 60

# 무등산은 하늘이어라

임동옥 수필선

수필과비평사·좋은수필사

## ■책머리에

수필은 누구나 부담 없이 읽고, 마음만 먹으면 직접 쓸 수도 있는 가장 친근한 문학이다. 다른 영역의 문학이 영상매체에 밀려 신음하고 있는 중에도 수필 인구만은 날로 증가하여 바야흐로 수필 전성시대를 구가하고 있는 이유도 거기에 있을 것이다.

시대적 추세에 힘입어 수많은 수필전문지, 수필동인지가 창간되고, 이에 비례하여 신진 수필가도 날로 늘어나다 보니 이제는 그 많은 작가, 그 많은 작품 중에서 문학성 높은 작품을 가려 읽는 일이 쉽지 않게 되었다. 이런 현상은 작가에게나 독자에게나 결코 바람직한 일이 아니다. 더 나아가서는 수필을 연구하는 후세들에게도 큰 부담이 될 것이다.

이런 문제를 해결하는 데는 출판인도 마땅히 한몫을 감당해야 한다는 평소의 소신에 따라, 본사가 기꺼이 그 역할을 맡기로 했다. 그 첫 번째 사업으로 시대를 대표할 만한 수필가 100인을 선정하고, 작가가 자선한 40편 내외의 작품을 수록한 문고본을 발간하여 이를 널리 보급함으로써 그 소임을 다하고자 한다.

본사는 사명감을 가지고 이 사업을 추진해 나가기로 했다. 작가 선정을 전담할 편집위원회를 구성하고 전권을 위임하여 일체의 사적인 정실이나 청탁을 배제함으로써 전문성과 공정성을 확보해 나갈 것이다.

따라서 이 기획물 속에는 작가의 문학정신뿐만 아니라, 본사의 문학사적 기여 의지와 편집위원 제위의 수필문학에 대한 애정과 문인으로서의 양심이 함께 담겨 있음을 자부한다. 다만, 작가를 선정하는 기준에는 많은 견해의 차이가 있을 수 있고, 선정 과정에서도 미처 챙기지 못한 부분이 있을 것이라는 사실만은 인정하지 않을 수 없다. 이 점에 대해서는 관계자 여러분의 양해 있으시기 바란다.

이 시리즈의 발간 순서는 작가, 또는 본사의 사정에 의한 것일 뿐 그 밖의 어떤 기준도 적용하지 않았음을 밝힌다.

본 기획물이 시대를 초월한 많은 수필 애호가들의 관심과 애정 속에 우리나라 수필문학 발전에 한 이정표가 되기를 바랄 뿐이다.

본사에서는 이상과 같은 취지로 ≪현대수필가 100인선≫ 전 100권을 완간하여 큰 반향을 불러일으킨 바 있다.

그러나 우리 수필문단의 규모나 수필문학의 수준에 비추어 선정 작가를 100인으로 한정하는 것은 형평성이나 효율성 면에서 크게 부족하다는 의견이 많았고, 본사 또한 이를 통감하던 터라 기꺼이 ≪현대수필가 100인선Ⅱ≫를 발간하기로 했다.

본사의 충정에 찬동하여 출판에 응해주신 저자 여러분에게 진심으로 감사한다.

2014년 9월 일

수필과비평사 · 좋은수필사 발행인 서 정 환

현대수필가 100인선 간행 편집위원 박 재 식 최 병 호

정 진 권 강 호 형

오 세 윤

## 1_부 기후위기에 강국은 없다

## 2_부 꽃다지 사랑

## 3_부 가장이란

## 4_부 오리의 기지개

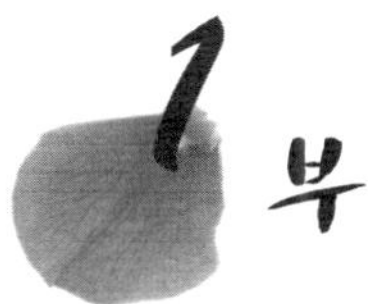
1부

# 기후변화

열대야로 잠 못 이루니 이런저런 생각이 많다. 최근 게릴라성 폭우뿐만 아니라 극심한 가뭄도 더욱 잦아졌다. 2005년과 2010년에는 눈 폭탄이 쏟아졌다. '한계령을 위한 연가'나 오탁번의 '폭설'을 생각나게 했다. 삼한사온 중 삼한이 사라졌다. 지구 온도가 상승하고 있다. 이런 현상이 기후온난화요 이상기후 현상이다.

석탄을 이용하여 내연기관과 방적기계를 돌리던 날부터 굴뚝에선 검은 연기가 하늘로 치솟았다. 산업혁명 이후 최근까지 공중으로 날려 보낸 연기가 대기를 오염시켰다. 지구로 들어온 햇빛은 복사하여 우주로 되돌아가야 하는데 그 귀향길을 스모그가 막아 버렸다. 퇴로 없는 복사열은 상공에 머물며 지구를 데워서 기후온난화를 초래했다. 기후변화는 지구촌 생태계를 교란시키고, 우리 생활에도 많은 영향을 미친다. 20세기, 100년간 평균 지구온도는 0.74℃ 상승하였고 최근 10년간 약 0.3℃ 올랐다. 과거 1만 년 동안 관찰되지 않았던 상승률이다.

개구리를 솥에 넣고 불을 지피면 제 죽는 줄도 모르고 헤엄치다 죽어가듯 150여 년간의 온실효과는 야금야금 많은 생물을 멸종시켰다. 갑자기 더워지면 옷을 벗거나 에어컨을 켜듯이, 온도가 상승하고 건조하게 되면 변화한 환경에 생물들은 견디든지, 죽든지, 살 만한 장소로 이동해야 한다. 스스로 적응하지 않으면 안 된다.

식물은 발이나 날개가 없다. 혼자서 이동할 수 없다. 온난화가 계속되면 어떤 식물 종은 멸종한다. 평균 기온이 약 1℃ 상승하면 식물은 현 위치에서 80Km나 북방으로 이동해야 살 수 있다고 한다. 식물들의 이동 능력은 종자의 산포散布 능력에 의존하므로 보통 이동 능력은 연평균 10~100m로 추정한다. 온난화가 현재 속도로 계속 진행된다면 식물은 매년 2.2Km 이동해야 하는데 고작 100m 정도만 이동할 수 있으니 생존하는 데 어려움이 크다. 어떤 식물이 이동을 못하여 죽게 되면 그 식물이나 그 숲에 의존해서 사는 동물도 영향을 받게 된다. 많은 생물이 기후변화에 적응하지 못하고 사멸하면, 그 식생을 터전으로 하는 생태계는 파괴되고 만다.

기후온난화로 생태계가 가장 크게 영향을 받는 곳은 남극이나 북극에 가까운 고위도 지역이다. 북극 지역의 황원이나 동토의 산림은 약 20%가 감소할 거로 예측한다. 특히 지구촌의 삼림은 5,700만㎢인데 이중 약 35%가 온난화에 의해 훼손되거나 교란될 것으로 추정하고 있다. 온난화는 지구의 강수 패턴 변화나 증발산량을 증가시켜서 북아프리카나 중동 지역의 초원이 사막화될 거로 예측한다. 기후변화는 해수면 상승도 일으킨다. 해수면 상승이 크면 열대 해안가 맹그로브 숲이나 온대에서 아한대의 연안습지가 소실될 우려마저 있다. IPCC 시나리오대로 2,100년에 해수면이 5.4m 상승하게 된다면 세계 인구 20%가 살고 있는 해안가에 위치한 도시는 카타리나로 뉴올리언스가 침수되듯 대재앙이 올 수 있다.

기후온난화는 인간이 만든 재앙이다. 대재앙을 막으려면 대기 중 이산화탄소의 양을 줄여야 한다. 강국부터 탄소배출 제로시대를 선언해야 한다. 화석연료의 사용은 줄이고 태양에너지 같은 청정에너지를 개발하고 이용해야 한다. '뜨겁고 붐비고 평평한' 온난화 세상이 아닌 시원하고 한가롭고 산 높고 물 깊은 청정한 지구로 돌려놓아야 한다.

더는 온도 상승이 없는 세상, 풀과 나무가 사는 터전에서 새나 동물이 공존하는 시끌벅적한 자연, 산과 강과 바다가 유기적인 관계를 가진 가이아 세계를 바란다.

청정에너지를 이용하고 친환경 먹거리를 먹고 살아가는 편안한 미래를 꿈꾸며.

IPCC: 기후변동에 관한 정부 간 패널
가이아: 그리스신화에 나오는 대지의 여신, 지구를 하나의 생명체로 보는 이론

# 기후위기에 강국은 없다

코로나19가 발병한 후 8개월이 지났다. 1,800백만 명이 감염되고 그중 69만 명이 사망하는 초유의 사태를 겪고 있다. 괴물 바이러스가 세계를 뒤흔들고 있다. 코로나19는 펜데믹과 함께 언택트 시대, 비대면 사회로 바꾸고 있다. 주일에 '집콕'하면서 영화 타이타닉을 다시 보았다. 침몰 사고를 각색한 미국의 재난, 로맨스 영화다. 타이타닉은 호화스러운 외관과 커다란 굴뚝 4개가 위용을 뽐냈다. 굴뚝에서 내뿜는 검은 연기가 파란 하늘을 뒤덮었다.

세계는 타이타닉처럼 연이어 먹구름 같은 연기를 배출함으로써 대기 중 이산화탄소 농도가 높아져서 지구는 점점 뜨거워지고 있다. 호주 국립기후복원센터는 향후 30년, 핵전쟁에 버금가는 기후변화가 재앙으로 다가올 것을 예측했다. 21세기에 벌어질 전 지구적 기후 재난 시나리오를 서사한 ≪2050 거주불능 지구≫는 인간이 지상에서 살아남을 수 있는 생존프로젝트를 역설하고 있다. 2018년 영국 언론사 가디언은 '기후변화' 대신 '기후위기'라는 용어를 사용했다. 16세 소녀 그레타 툰베리는 스웨덴 국회의사당 앞에서 "기후를 위한 등교 거부," 1인 시위를 함으로써 "기후위기 비상행동"을 끌어냈다. 툰베리는 작년 9월 24일에 유엔 기후행동 정상회의에서 자국의 경제성장만 추구하는 정상들에게 경고했다. "정치인들이 기후변화를 알면서 줄이려는 노력은 하지 않고 외면하는 현실은 악마와 같은 행위입니다. 앞으로 10년 안에 온실가스를 반으로 줄여야 합니다. 1.5도 이상 상승을 막아야 합니다. 모든 미래 세대의 눈은 여러분을 향해 있습니다. 우리를 실망하게 하면 절대 용서하지 않을 것입니다."

최근 지구 곳곳에서 산불, 폭염, 가뭄, 홍수, 침수, 질병 등의 이상기후 현상이 나타나고 있다. 지구온난화로 빙하가 호수로 변한 아이슬란드의 오크 빙하는 2019년 9월 18일에, 스위스 피졸 빙하는 9월 24일에 각각 장례식을 치렀다. 지난해 9월부터 호주에서 번진 산불은 올봄까지 타올라 우리나라보다 넓은 면적을 잿더미로 만들었다. 시베리아를 비롯하여 각 대륙 곳곳에서 산불이 계속되고 있다. 반대로 일본, 중국, 한국에는 집중호우가 내렸다. 일본은 한 주 동안 66명이 사망하고 3,600명이 대피하는 소동이 벌어졌다. 중국은 한 달 넘게 내리는 폭우로 양쯔강 상중하류 지역에 연이어 대규모 홍수 피해가 일어났다. 우리나라에도 8월 초 여러 지역을 수마水魔가 할퀴고 지나갔다. 예년에 방글라데시, 인도네시아 자카르타, 이탈리아 베네치아 등은 대홍수로 물에 잠겼었다.

기후 위기는 해수면 상승과 해안침식도 일으킨다. 태평양 한가운데 파푸아 뉴기니의 타고 섬과 폴리네시아의 투발루라는 섬은 바닷물에 잠기고 있다. 호주 웸베럴 해안에 있는 주택들은 해안침식 현상으로 붕괴 위기에 처했다. 2100년에는 세계의 모래 해변 50%가 사라질 거로 예측한다. 인구 250만 명이 넘는 대도시 중 65%가 해안가에 있다. 특히 해발 10m 아래 해안 저지대에 사는 인구는 약 10억 명이나 된다. 10억 명이 대 탈출하지 않게 해안침식을 막아야 한다. 코로나19 같은 병원성 미생물의 출현도 더 잦아질 거로 본다. 이런 '새로운 일상'은 지구가 우리에게 보내는 빨간 경고등이고 기후 재앙이며 기후 자살 행위로 볼 수 있다. 이는 실제 훨씬 더 무시무시하다는 거다. 바로 기후 시스템이 망가졌다는 의미다. 호주 국립기후복원센터는 기후위기를 줄이지 못하면 2050년에는 '기후난민'이 등장할 뿐만 아니라 폭염이 1년에 100일 이상 지속하여 전 세계의 곡물 수확량이 80%가 감소할 것으로 예측했다. UN은 기후난민이 2억 명에 달하고, 기후 취약 빈민층을 10억 명으로 추정하고 있다.

기후난민 시대, 2050년대에 나는 백수白壽를 누릴 수 있겠는

가. 생각만 해도 답답하다. 코로나19를 피해서 사는 것처럼 불길하다. 기후위기에 강국은 없다. 앞으로 기후 재난의 대멸종 시대를 살아가야 한다는 사실은 참혹하고 고통스러운 거다. 서로 이유가 다를지라도 6천만 년 전 공룡이 사멸했다는 것을 다시 한번 상기해 보아야 한다. 세계인이여! 미래 세대를 위해 지금 무엇을 하고 있는가. 덥다고 에어컨 틀고 춥다고 난방기 켜고 그렇게 살겠는가. 당장 부채 하나 화로 하나 들고 도시를 떠날 수 있겠는가. 자연인으로 돌아갈 수 있겠는가. 과연 우리가 살아남을 수 있는 아방궁阿房宮은 어디에 있는가. 그 대책은 무엇인가. 질문을 하지 않을 수 없다.

# 만추의 벚꽃

9월 하순 난대수목원에 갔다. 금목서나 층꽃나무 꽃이 만발하였다. 그런데 숲속에는 봄꽃인 벚꽃이 피었고 붓순나무 가지에는 익어가는 열매와 더불어 새로 핀 꽃도 보였다. 다시 목재 데크를 따라 몇 발짝 움직이니 5월의 꽃인 아까시나무꽃도 만개하였다. 후박나무의 가지 끝에는 연녹색의 새잎들이 돋아나 있었다. 낮잠에서 깨어나 눈 비비며 바라보았더라면 봄철로 착각할 뻔했다.

서늘한 바람에 가을빛 완연한데 봄꽃이 웬 말인가. 새순이 돋는 것은 왜일까. 시월 중순, 남해의 가로수 길에도 벚꽃이 만개했다. 아마 나무들의 생체시계가 망가진 모양이다. 차를 탄 일행들이 모두 만추에 핀 벚꽃을 보고 한마디씩 한다.

"별일을 다 보겠네." "뭔 일이다냐." "세상에나."

시월 초에 찾아갔던 선운사 골짜기에서 태풍에 꺾여서 도랑에 처박힌 은행나무 가지를 보았다. 그 가지에도 꽃이 피어 있었다. 이와 같이 봄꽃들이 가을에 피는 것은 분명 이변이다. 아무래도 이런 이변은 태풍이 원인일 거로 생각했다.

8월 말에 불어 닥친 '불라벤'과 9월 초에 이어진 '덴빈'과 '산바'로 인해 평온하게 서 있던 나무들은 갑자기 뿌리째 뽑혀 버렸거나 굵은 가지들이 잘려나갔다. 하늘거렸던 잎들은 모진 비바람에 떨어져 버렸다. 남아 있는 잎들은 초속 50m에 달하는 강풍에 잎 속의 수분을 빼앗겨 잎 끝이 말라버린 경우도 많았다. 태풍이 몰아친 날은 하루나 이틀이지만 나무들에겐 기나긴 겨울 동안거冬安居를 한 시간과 같았던 모양이다. 그래서 나무들의 생체 시계는 때 아닌 봄으로 인식한 것이다. 식물은 3억년 동안 계절 따라 꽃을 피우고 열매를 맺어서 지금껏 종족을 보존시키며 진화하였다. 모든 생물체들은 자신을 닮은 개체를 남기려고 노력한다. 종들마다 계속되는 유전자 보전은 자연의 섭리요 적자생존이며 자연의 법칙이다.

예전에 친구가 전해 준 통일운동가의 단식 이야기가 생각났다. 선생은 '십 수 일을 단식하여 정말 죽음에 이르는 몽롱한 순간에 몽정을 했다'는 것이다. 이럴 때 사랑을 하게 되면 죽으면서도 유복자를 점지할 수 있다고 한다. 이것은 살아 있는 건강한 유전자들의 특권이요. 종족번식을 위한 본능이며 가장 성스러운 행위다.

양계장 닭들은 24시간 불야성인 매우 비좁은 공간에서 매일 알을 낳는다. 그러다가 산란율이 떨어지면 주인은 닭들을 열흘쯤 굶겨버린다. 그러면 약 10,000마리당 300여 마리는 아사하고 살아남은 닭들은 머리와 모가지에서 털이 다 빠지고 새 털이 나기 시작한다. 이때를 기다렸다는 듯이 주인은 다시 닭에게 모이와 물을 준다. 이 닭들은 다시 3개월 정도 알을 잘 낳게 되고 그 후 모두 폐기한다고 한다. 잔인한 인간의 이기심을 아는지 모르는지 개의치 않고 자연의 섭리에 따라 닭들은 자기 자신의 유전자를 보전하기 위해 몸부림치고 있다는 느낌이 든다.

태풍으로 가을에 피는 봄꽃, 단식으로 사경을 헤매며 경험하는 몽정, 열흘쯤 굶은 후 다시 이어지는 닭의 산란은 모두 종족 보전을 위한 성스러운 행위라고 말하고 싶다.

삶은 평온한 것 같지만 사실은 치열한 투쟁의 연속이다. 종족 보전을 위해서 생물체들은 본능적으로 최선을 다해 정열의 에너지를 쏟아 붓는다. 가을날 꺾여버린 은행나무 가지에서 꽃이 피는 것은 분명 그것이 허탕일지라도 자신을 닮은 세상이 되기를 바라는 산 자의 마지막 절규로 여겨진다. 암컷을 사이에 두고 수컷들의 필사적인 싸움도 자신의 유전자를 남기기 위한 힘겨루기 아니던가?

'이 가을 한 번이라도 타오르지 못하는 것은 불행하다'고 한 시구처럼 망각의 생체 시계로 만추에 꽃을 피운 벚나무나 아까

시나무가 결코 불행하다는 생각은 들지 않는다. 이들은 태풍에 잎을 빼앗기고 가지가 꺾이는 시련에도 자신의 꿈을 버리지 않고 온몸이 달아올라 절정의 꽃을 피우고 있다. 적응해야만 살아남을 수 있다는 삶의 치열성을 보여주고 있다. 열매를 맺지 못해 부질없을지라도 꽃을 피우는 나무에게 찬사를 보내고 싶다. 나 또한 이 나무들처럼 만추에 열정의 날들을 만들어 보고 싶다. '늦가을에 웬 봄꽃을 피우는가'하고 반문하지 않으련다. 이 가을, 내 유전자의 보전 가치를 위해 혼불이 일 때까지 뜨겁게 달구리라.

그것이 비록 동선하로冬扇夏爐의 꿈일지라도.

# 봄꽃 개화
## -기후 온난화

이른 봄이다. 산야가 분주하다. 앞다퉈 서로 꽃을 피운다. 하루라도 먼저 꽃망울을 터뜨리려고 아우성친다. 사철 푸른 동백나무는 흰 눈을 맞으며 꽃을 피운다. 이른 봄에 꽃을 피우는 나무는 잎을 만들기도 전에 원색의 꽃을 피운다. 이런 나무로는 매실나무, 히어리, 산수유, 개나리, 진달래와 벚나무 등이 있다. 섬진강 변의 매실나무는 암향 가득한 꽃을 피운다. 조계산자락의 히어리는 벌집 모양의 노란 꽃송이를 매단다. 지리산 자락의 산수유, 유달산의 개나리, 뒷동산의 진달래와 가로수로 변신한 벚나무들은 이른 봄 원색의 고혹적인 자태로 많은 상춘인파를 부른다.

방송국들도 서로 봄 꽃소식 특종을 전하려고 분주하다. 국경일처럼 식물들이 꽃을 피우는 날을 정해 놓으면 좋으련만 매년 변덕을 부리는 봄 날씨 때문에 봄꽃 취재기자들은 늘 분주하다. 식물은 미세한 온도와 빛에 반응하는 생체시계를 가졌다. 계절에 따라 생체시계의 작동을 기록하는 것이 생물계절 관측이다. 이는 지표생물指標生物이 계절에 따라 변화하는 모양을 눈으로 관측하는 거다. 기상대에서는 지표식물로 개나리, 진달래, 벚나무, 할미꽃 등을 정하여 발아하거나 꽃을 피우는 날을 기록하고, 매미, 제비, 잠자리, 뱀이나 개구리 등의 지표동물을 처음 보거나 첫 울음소리를 들은 날을 기록하고 있다.

최근 한반도 기후변화 진행 속도는 세계 평균을 상회했다고 한다. 지난 100년 동안 지구는 평균기온이 0.74℃ 상승했지만 우리나라는 서울을 포함한 6대 대도시에서 약 1.5℃ 상승하였다. 이런 결과를 반영하기라도 하듯 서울에서 벚꽃 개화 시기는 1920년대는 4월 15일경에서 최근에는 4월 5일경으로 열흘이나 앞당겨졌다. 최근 식목일도 앞당기거나 가을로 옮겨야 한다는 주장도 제기하고 있다.

봄은 멋진 계절이다. 매스컴에서 전하는 봄꽃 개화 시기가 점점 빨라지니 얼마나 좋은가. 오는 봄은 서둘러 꽃을 피우니 얼마나 기쁜 일인가. 진해에서 여의도까지 벚꽃 잔치로 지역마다 거리마다 상춘인파로 붐비니, 이 또한 즐거운 일이 아니겠는가.

봄을 재촉하는 봄기운은 대기 온도가 상승한 결과다. 점점 빨라지는 봄기운은 20세기 말에 생긴 지구온난화 탓이다. 이는 산업 혁명 이후 화석연료를 마구 태워서 대기 중 이산화탄소가 많아져 대기가 따뜻해진 결과다.

지구온난화는 봄꽃 개화를 촉진하기도 하지만, 육상생태계를 교란하는 원인 중 하나다. 온난화는 생물 종의 생존을 위협한다. 특정 지역에 온도가 상승하거나 건조하게 되면 그 지역에 사는 종들은 변화된 환경에 적응하든지 그렇지 않으면 다른 장소로 이동해야 한다. 문제는 이동 능력이 없는 식물이 문제다. 이주하지 못하는 식물은 온난화 과정에서 멸종할 것으로 예상한다.

지구온난화는 기후대를 변하게 한다. 백 년 후 지구 온도가 평균 4~5℃ 증가하면 우리나라는 온대에서 아열대 기후로 변할 거로 예측한다. 지금 같은 추세로 온도가 계속 상승한다면 35년 뒤에는 1℃ 상승한다. 지구의 온도가 약 1℃ 상승하면 현재의 식생은 80Km나 북방으로 이동해야 한다. 학계에서 식물의 이동 능력은 종자의 산포 능력에 의존하므로 보통 이동 능력은 연평균 10~100m라고 추정하고 있다. 따라서 식물이 35년간 80Km나 북방으로 이동하려면 매년 2.2Km씩 북방으로 이동해야 한다. 식물이 1년에 최대 100m 이동할 경우 35년 동안 3.5Km 이동하므로 80Km에 비하면 턱없는 거리다. 이동 능력이 없는 식물은 멸종위기에 처하게 될 뿐만 아니라 이소 능력이 있는 동물의 생존도 위협받는다. 동물이 먹고사는 터전이 숲이고 특정 식물의 잎이나 열매를 먹이로 이용하므로, 이 식물군락이 쇠퇴하면 동물은 먹이나 생식 장소를 상실한다는 점에서 심각한 문제가 생길 가능성이 있다. 이런 결과는 식생과 그것을 기초로 하는 생태계가 붕괴하여 동식물 둘 다 위험에 빠지게 된다.

온난화는 지구적인 강수 패턴을 변화시킨다고 예측한다. 이 결과는 홍수, 열파, 가뭄과 증발산의 증가를 가져와서 극심한 기상이변을 일으킬 것이다. 빙하가 녹아내리고 킬리만자로산의 만년설이 점점 녹아서 사라지는 것도 지구온난화 결과르 말한다. 북극 빙하면적의 감소 등으로 해수면의 상승도 예상되는데 최근 40년간 제주도 근해 해수면이 약 22㎝나 상승하여 서귀포 용머리 해안 산책로가 침수되는 결과를 가져오기도 했다. 이렇게 해수면이 상승하게 되면 해안에 서식하는 식물이나 군락구조에 악영향을 미치며, 때에 따라서는 종이 멸종하게 되는 심각한 영향을 육상생태계에 미치게 된다.

기후 온난화에 적응하지 못하고 이주 능력이 부족한 생태계 취약종들은 변화된 환경에서 서서히 개체 수가 감소하거나 멸종할 거로 예측한다. 지표생물의 개화 시기도 중요하지만, 생태계 취약종의 개체군 동태를 계속 지켜봐야 한다. 전 지구적인 차원에서 생태계 취약종에 미치는 기후온난화의 영향을 포괄적으로 해석하는 것은 단순히 생태계 보전 측면과 아울러 우리 인류의 건강과 참살이에도 매우 중요하다고 생각한다.

춘삼월 눈밭에서 피는 복수초나 매화는 시심을 부르기에 충분하다. 이른 봄꽃 개화는 우리들의 발걸음을 재촉하는 참살이 요소다. 봄의 길목에 매년 피고 지는 그 꽃들이 있어 언제나 봄은 싱그럽다. 그럼에도 불구하고 이들이 기후온난화가 지속됨으로써 사멸된다면 얼마나 안타까운 일인가?

기후변화 대응 차원에서 봄이 빨리 찾아오고, 이른 봄꽃 개화를 무조건 좋아할 일만은 아니다. 인류의 건강과 복지와 안녕을 바란다면 범지구적인 차원에서 기후 온난화의 주범인 이산화탄소의 배출량을 줄이고 녹색성장을 이루는 프로젝트에 우리 모두 앞장서서 동참해야겠다.

반만년 동안 삼천리 금수강산은 우리 삶의 터전이다. 자자손손 누구나 즐길 수 있는 봄꽃 소식으로 꽉 찬 더욱 아름다운 금수강산이 되면 좋겠다.

# 코로나19가 준 선물

소문도 없이 들이닥쳤다. 뭐야, 뭐지 하는 사이. 코로나바이러스 질병(Corona virus disease, 코비드19) 바로 코로나19가 침입했다. 중국 후베이성에서 코로나19가 2019년 12월 12일에 발생했다고 한다. 초기 대처를 잘못한 결과 수많은 확진자가 나왔고 많은 사망자가 속출하고 있다. 미국, 이탈리아, 스페인 및 중국 순으로 확진자가 많다. WHO는 3월 11일 '감염병 세계적 대유행'이라는 '팬데믹'을 선언했다. 코로나19 앞에서 강대국뿐만 아니라 전 세계가 쩔쩔매고 있다. 우리나라는 대응을 잘한 나라로 세계가 부러워하고 있다. 사회적 거리두기, 모임 자제하기, 외출 시 마스크 착용하기 등 사회 활동 축소와 자기 절제를 요구하고 있다.

팬데믹 상황을 긍정마인드로 바꾸어 현실을 코로나19가 준 선물로 여기고 생활하고 있다.

선물 하나.

코로나19 확산으로 인해 매일 출근하여 마스크를 착용한 상태에서 코로나19 대책 회의를 하고 있다. 교무업무를 총괄하면서 2월에는 개강을 2주 연기하기로 결정했다. 확진자가 계속 증가하여 개강은 엄두도 못 내고 8주차까지 비대면 강의를 한다. 외국 학생들의 강의도 겨울 동안 한국 체류자나 2월 중 입국자는 한국 학생과 같은 학사일정을 소화하고, 4월 말에 입국하는 학생들은 집중이수제 실시계획을 세웠다. 아직도 코로나19는 현재 진행형이어서 1학기 전체를 온라인 강의로 대체할 수도 있을 것이다.

재직 30여 년 만에 처음 겪는 온라인 동영상 강의는 어렵게 느껴졌으나 이제 익숙해졌다. 학생들도 처음 맞이하는 재택수업을 혼란스러워하면서도 쉽게 적응하고 있다. 비대면 수업을 하면서 교수나 학생 모두 대면 수업이 얼마나 중요한지 새삼 깨닫게 되었다.

선물 둘.

여럿이 모이는 모든 회의나 소규모 모임과 회식도 사라졌다. 귀가하여 '집콕'하는 고립 생활로 심심하고 지루하다고 느끼는 어느 날 밤, 서각書刻 도구에 눈길이 쏠렸다.

소나무 토막에 '월하정인月下情人'을 새기고 신윤복의 월하정인도 그림을 차용하여 아랫부분을 채웠다. 이렇게 새긴 서각 작품을 문자 메시지로 운정에게 보냈다.

"무슨 작품입니까? 아래 그림은 신윤복의 월하정인도 같은데 위 글씨는 전서라서 모르겠네요. 혹여 월하정인 아닌가요."

"네 맞습니다."

"원래 그림 좌측에 화제는 '월심심 야삼경月深深 夜三更, 양인심사 양인지兩人心事 兩人知'

달빛 은은한 깊은 밤 삼경에, 두 사람의 마음은 둘만 아는 것이다. 이런 야릇한 표현을 한 혜원 신윤복은 춘화도의 대가입니다."

"월하정인. 전각 글씨가 마음에 들어 새겼답니다."

"그게 판화였군요. 판화 조각 솜씨가 좋구먼요. 그런데 누가 조각을 했느냐에 따라 화가가 새기면 판화 서각, 서각가가 각하면 그냥 서각 이렇게 부르지요."

"판화로 이름 붙여 주시니 고맙습니다. 하면 박사가 팠으니 박(?)서각인가요."

"사실 홍합이나 섭이나 그게 그거지요. 화가들이 자기들의 격을 높이기 위해 그런답니다. 근데 언제 이런 실력을 쌓으셨나요."

서각 초심자에게 안겨준 큰 감흥이었다.

서재에서 차를 마시면서 작은 느티나무 차탁에 서각하면 어떨까? 어떤 글을 새길까. 궁리 끝에 얼마 전 신안 에로스 서각 박물관에 갔을 때 사진으로 찍어두었던 "다로경권실茶爐經卷室"을 새겼다. 글자를 새겨 놓으니 차탁의 격이 달라졌다. 이제 차탁이 아니라 서재의 편액이 되었다. 이 사진을 서각가인 친구 송천에게 보냈다.

"패연 멋지네. 비백飛白까지 살렸네. 차와 화로 책이 있는 방이라는 뜻인가."

"그렇다네, 다로경권은 추사 김정희가 썼고 강화 전등사대조루에 있는 편액 글씨라네. 이 글은 다른 사람이 쓴 예서이고 해석하자면 차를 즐기면서 경서를 읽는 서재쯤 되겠지."

이어서 송천이 새긴 '대하 네 마리와 1가화락一家和樂' 서각 사진을 보내왔다. 대하가 노니는 작품을 보면서 화락에 대해 생각해보았다. 다음날 친구에게 답을 썼다.

"화락和樂// 조춘매각산早春梅覺山 동백화포해冬栢花抱海 영춘하상애迎春鰕相愛 일가상화락一家賞和樂.

이른 봄 매화는 산을 깨우고 동백꽃은 바다를 품었구나. 봄을 맞는 새우가 서로 사랑하니 가정의 화목과 즐거움이로다."

"옳거니! 패연이 곁에 있어 좋네. 서각도 하고 감흥을 서로 주고받으니. 참 좋네."

"얼씨구! 여부가 있겠는가. 송천과 함께하는 시간이 즐거움일세."

선물 셋.

단체 카톡 방에 올라온 양산 통도사 고불매 한 송이를 따서 봄소식 겸 운정에게 전했다. 양산 통도사 매화군요. 그 사진을 보고 한 수 올립니다. 직접 붓으로 쓴 글과 해설을 보내왔다.

“일지홍매 설중개一支紅梅 雪中開 환생청상 시유향還生靑孀是幽香.

홍매 한 가지 눈 속에 피어있는 꽃은, 환생한 청상과부의 남아있는 향기로다.”

나도 답가를 보냈다.

“매화 소리梅聲// 홍매암향성찰안紅梅暗香聲擦顔 ‘양소가인해군성良宵佳人解裙聲’.

홍매의 암향이 뺨을 스치는 소리, 그윽한 골방에서 아름다운 여인 옷 벗는 소리 같구나.”

양소가인해군성은 오성의 시구를 빌려왔다.

며칠 뒤 운정은 ‘춘진우야春盡憂夜’라는 시조를 보내왔다.

“매영횡사 남창조梅影橫斜 南窓照 하처취풍 과매지何處吹風 過梅枝 백화분분 만지개白花紛紛 滿地蓋 로옹수심 전전야老翁愁心輾轉夜.

남쪽 창에 비치던 매화 그림자는 가로질러 비껴가고/ 어디선가 불어오는 바람은 매화 가지를 스쳐 가네/ 하얀 꽃은 흩날리어 땅을 가득 덮었으니/ 늙은 노인은 근심에 쌓여 잠 못 이루고 뒤척이네.”

“운정 멋지십니다. 나이 들어 매화를 곁에 두고 봄날을 즐기시니 얼마나 좋으신가요. 옛 선비들이 매화 난초를 즐기는 이유를 알 것 같습니다.”

운정은 봄날 노인이 영창 밖 풍경과 봄바람에 실려 온 매화향에 취해 시름에 겨워 잠 못 이루고 뒤척이는 밤을 그렸다. 여기에 다시 답가를 써서 보냈다.

“송풍수월松風水月// 이월만월부성전二月滿月浮星田/ 강변홍매유수홍江邊紅梅流水紅/ 암향취객여신선暗香醉客如神仙/ 송풍수월견정수松風水月見精髓.

이월의 보름달은 별 밭에 떠오르고/ 강변 홍매화 붉게 물들여 흘러간다./ 암향에 취한 저 나그네 신선 같구나./ 솔바람 물에 비친 달에서 정수를 본다.”

“와~, 이렇게 좋은 시를 쓰셨네요. 그윽한 향기에 취한 나그네가 신선 같다는 표현이 감성적으로 뛰어나 표현입니다. 제가 한 수 배웠네요. 감사합니다.”

이런 일상은 코로나19가 나에게 준 선물이다. 낮에는 코로나19 대책 회의로 분주하고, 밤에는 혼자 ‘집콕’하며 문자 메시지로 지인들과 소통하고 있는 자화상. 공감하는 이들이 있어 혼자 있어도 편안하고 즐거운 시간이다. 한편 코로나19 그 이후 세계를 생각해본다. 코로나19는 언택트 사회를 앞당겼다. 4차 산업혁명 시대에 컴퓨터로 업무를 보는 ‘난갈러(Non-colour)'세대가 행하는 재택근무가 사회 전반에 확산하여 보편화될 것이다. 학교 교육은 비대면 수업, 사이버강의가 현실화할 것이다. 다시 말해 교정 없는 미네르바 대학의 무크 교육처럼 온라인 학점제가 정착되어 공유대학 공유학점제가 일반화될 것으로 판단된다. 또한 공중보건뿐만 아니라 사회, 경제, 정서적 · 심리적 요인 등에 많은 변화를 가져 올 거다.

팬데믹 역경을 선물로 여기고 소소한 일상을 즐기면서.

코로나19, 이 또한 지나가리라 크게 외쳐본다.

# 변곡점에 서서

정유년 새해 새날이 밝았다. 병신년 달력을 내리고 정유년 달력을 걸었다. 새날은 매일 밝아오건만 정유년 1월 1일의 아침은 여느 날과 다르게 느껴졌다. 오늘부터 환갑 나이이므로. 1957년 정유년에 태어나서 2017년 다시 정유년을 맞게 된 것이다. 아직도 생각은 20대처럼(?) 젊다고 자부하지만, 몸은 60년을 사용한 헐거워진 노구老軀가 되었다.

환갑까지 21,900여 일, 많이 살았다. 1970년 무렵에는 평균수명이 61.9세였다. 당시 부모님 환갑잔치는 장수를 누리는 집안의 자랑거리였다. 자손들은 지극정성으로 부모님의 수연壽宴 잔치를 했다. 지금은 평균 수명이 80세 이상이어서 잔치는 거의 하지 않지만, 회갑回甲은 결코 적은 나이가 아니다. 만 60세는 정년을 운운하는 변곡점의 나이다. 이제 롤러코스터의

가파른 꼭대기에 우뚝 선 느낌이다.

지난 30여 년 어떤 식물들이 분포하고 있는지를 연구하기 위해 산과 들을 찾아다녔다. 정상을 가로질러 조사하러 다녔다. 한라산 혈망봉, 지리산 천왕봉, 설악산 대청봉이나 덕유산 향적봉은 모두 정상이다. 한두 번씩 올랐던 산들이다. 어디 그뿐이던가. 정상을 오르기 위해서는 무수히 많은 골짜기와 크고 작은 산봉우리나 고갯마루들을 넘고 넘어야 했다. 산꼭대기에 오르듯 지금까지 살면서 크고 작은 인생 굽이도 넘나들었다.

지구의 나이 46억 년, 생물이 출현한 나이 대략 36억 년, 인류의 나이는 7백만 년쯤으로 추정한다. 그에 비하면 1957년에 베이비붐 세대로 태어나서 지금까지 산 나의 60년은 지구 나이에 비하면 1초도 안 되고 반만년 역사에 비하면 4일 남짓이지만 한국의 민주화와 경제적인 발전상을 한눈에 볼 수 있었던 특별한 세대라 할 수 있다.

1960년에 4 · 19혁명, 이듬해 5 · 16 군사 정변이 일어났고, 민주화를 외치던 시절, 1979년에 10 · 26사태와 12 · 12사태 그리고 1980년에 5 · 18민주화운동이 일어났다. 3공화국부터 5공화국까지 군사정부를 거쳐 1993년부터 문민정부가 들어서기까지 정의를 외치며 체류 가스를 뒤집어쓴 적도 있었다. 수백 년 된 영국의 의회민주주의에 비하면 군사정권과 문민정부를 합쳐 60여 년에 불과했다. 그래서인지 민주의 산실인 여의도는 격랑의 날이 많은 것 같다.

20세기 초 세계는 산업혁명으로 인해 경제 부흥기에 이르렀을 때 한국은 일제 치하에 시달리다 해방을 맞았다. 다시 6 · 25전쟁으로 폐허가 되었다. 1955년에 한국의 GNP는 65$로 시작하여 1980년에는 1,598$로 급성장, 2000년에 9,770$, 그리고 2016년에 30,000$가 되었다. 1997년에 IMF 외환위기를 맞았으나 '금 모으기'나 경제 개혁을 통해 슬기롭게 극복하였다. 1955년 대비 460배 성장했다. 필리핀(170$)보다 못 살았던 분단국가가 고속 성장을 한 것이다. 경제개발계획에 베이비붐 세대가 산업일꾼으로 활약하면서 비약적인 발전을 했다.

1950년대에 세계는 1, 2차 산업혁명 시대를 넘어 3차 산업혁명인 정보화 사회로 접어들 무렵 우리나라는 여전히 농경사회 그대로였다. 그러나 70년대에 산업화와 정보화시대를 함께 시작하여 지금은 선진국과 대등하게 지식기반사회를 선도하고 있다. 2016년에는 인공지능 '알파고'가 이세돌과 바둑을 두었고 '왓슨'이 암 환자를 진단하는 시대가 되었다. 바로 4차 산업혁명 시대에 살고 있다. 선진국에서 170여 년 이상 걸렸던 산업 혁명을 우리나라는 불과 50여 년 만에 이루었다. 이런 눈부신 발전을 이끌어 온 주역이 베이비붐 세대건만 이제 은퇴자가 되어 잉여 인간 취급을 받는 실정이다. 인생은 60부터라고 하지 않던가. 잉여 인간으로 취급을 받지 않도록 무엇을 해야 할 것인가 묻지 않을 수 없다.

김형석 교수는 ≪백 년을 살아보니≫에 인생에서 보람 있는 나이는 60~75세라고 하였다. 나를 믿게 되고 후배들 보기에도 떳떳하고 명예만 좇지도 않고 75세까지는 계속 성장하는 것 같다고 말하였다. 더불어 사는 때가 행복하다는 것이다. 나이가 중요한 것이 아니라 누군가를 위하고 사회를 위해서 일 할 수 있는 사람은 창조적일 수 있다는 것이다. 콩나물에 물을 주듯 계속 책을 읽고 생각하면 85~86세까지도 연장되더라고 하였다.

공자는 자신의 일생을 뒤돌아보면서 10년마다 변화를 말하였다. 돌이켜보면 20세 약관弱冠에는 꿈을 이루고자 대학을 다녔다. 30세 입지立志의 시기에는 생명의 본질을 찾아 불철주야 생물학 책과 씨름을 했었다. 불혹不惑의 나이에는 교육과 연구에 매진하면서 문단에는 수필로 고개를 내민 시기였다. 지천명地天命에는 멸종위기종 복원과 독도식물 조사에 몰두하였고 학회 편집위원장으로서 한국환경생태학회 20년사를 편찬하였다. 이제 하늘의 뜻을 안다는 나이인 이순耳順이 되었다. 지금도 현역에서 젊은 학생들과 함께 학문과 인생에 대해 고민할 수 있어 즐겁다. 좋아하는 책을 읽고 글을 쓰면서 문우들과 문학동아리를 할 수 있어 참으로 기쁘다. 그리고 이제부터 직함은 내려놓고 자연과 교감하고 너와 나 공감하며 지내고자 하는 마음도 즐거운 요소다.

〈관상〉이란 영화 이야기다. 눈은 마음의 표상이다. 얼굴의

상이 나쁜 방향으로 가는 것을 늘 경계해야 한다. 관상쟁이 내경은 바다를 보면서 말했다. 파도만 보고 바람은 보지 못했다고. 파도를 만드는 건 바람이지만 당신들은 파도를 높이 탄 것이고 우리는 파도의 아래에 있었다. 하지만 언젠가 파도가 바뀔 것이다. 바로 사람의 관상만 보았지, 시대의 흐름은 보지 못했다는 것이다. 환갑 나이까지 다행스럽게 성난 파도나 해일은 만나지 않고 무탈하게 파도타기를 하며 살아온 느낌이다. 1985년에 결혼하고, 1989년에 이학박사 학위를 취득하고 이듬해 교수가 되었다. 2001년 수필로 등단하였고 2014년에 한국환경생태학회장이 되었다. 이런 파도타기는 교사인 아내와 아이들이 바람이 되어 등을 밀어준 덕일 테다. 이제 높은 파도는 타지 않고 바람에 대한 촉감을 느끼며 살고 싶다. 풍우성상을 탓하지 않는 산들처럼 온화한 얼굴과 편안한 마음으로 하고픈 일 즐기며 살고 싶다.

통계청 자료는 환갑까지 암이나 성인병에 걸리지 않았으니 100세까지 살 수 있다고 한다. 인생은 60부터라고 하지만 앞으로 40년은 결코 짧지 않다. 인생 정점에 서서 다짐해 본다. 다리가 풀린 하산이 되지 않기 위해 장딴지에는 힘을 주고 빈 마음으로 시선은 대자연을 즐겁게 감상하면서 가야겠다. 이제는 경쟁도 명예도 시기도 다 내려놓고 행복한 여생을 살아볼 일이다. 그렇게 70까지 살면 무엇이든 하고 싶은 대로 하여도 법도에 어긋나지 않는다[從心所欲不踰矩]고 하지 않았던가.

변곡점에 서서 오늘과 내일에 감사할 줄 알고 인생에 대한 퇴고推敲를 거듭하면서 내 몸에 난 아홉 개 구멍이 원활하게 소통하기를 바란다. 눈으로 바로 보고 귀로는 경청하고 코로 사람 냄새 맡고 입으로 맛있게 먹고 바른말 하며 저 아래 두 구멍은 막힘없이 잘 배설하기를 바랄 뿐이다.

정유년 새해 첫날 아내와 함께 바라본 간월도의 붉은 노을과 낙조가 하산의 묘미를 깨우쳐주는 듯 의연했다.

# 소금기

하우스에 비가 새면서 잡풀이 나기 시작했다. 하우스 비닐을 갈기로 했다. 작업을 하던 인부의 얼굴이 땀범벅이 되었다. 마침 라디오에서 '소금을 적게 먹어야 건강하다'라는 설명이 흘러나왔다. 이 말을 들은 인부는 구슬땀을 훔치면서 말했다

"소금은 아무런 문제가 안 돼요. 짜디짠 음식을 먹어도 논밭에 나가 한바탕 일을 하고 나면 소금기가 다 빠져 버려요. 이런 말은 도시 사람들에게 어울리는 말이요."

"맞네요."

나는 맞장구를 쳤다.

나처럼 책상 앞에만 앉아 있는 사람들이 문제다. 여름에는 에어컨, 겨울에는 난방기를 가동해서 일 년 내내 온실에서 생활하니 구슬땀은커녕 모공조차 열릴 기회가 없다. 성인병이란

바로 소금기를 배출할 일이 적은 나 같은 사람들에게 해당하는 이야기지 싶었다.

인간은 사는 동안 계속 소금을 섭취해야 한다. 끼니로 밥만 먹는 인간은 없다. 탄수화물인 밥은 실은 맛이 없다. 간기가 배인 반찬을 밥숟갈에 올려야 맛이 난다. 달고 짜고 시고 쓴맛 중에서 가장 으뜸은 짠맛이다. 한여름 야외에서 심한 운동을 할 때는 물과 함께 소금 알갱이를 먹어야 한다. 그렇지 않고 구슬땀만 흘리면 탈수증으로 쓰러지고 만다. 소금 섭취는 아프리카 유목민들에게도 필수다. 이들이 가장 중요하게 여기는 동물은 소다. 유목민에게 소는 생계 수단이요, 삶의 전부다. 소젖으로 영양분을 보충하고 소피로 염분을 공급받는다. 목에 상처를 내서 생피를 받아먹는 모습은 너무 잔인해서 눈 뜨고 볼 수 없었지만 이 방법이 유목민들이 소금기를 얻는 최상의 수단이라는 것을 알게 되었다.

소금은 짜다. 짠맛은 소금의 생명력이요 가치다. 소금은 음식 맛을 내는 데 있어서 결정적인 역할을 할 뿐만 아니라 식품을 장기 보관하는데 필요한 요소다. 9할이 물인 배추나 바닷고기인 조기도 염장을 해야만 김치나 굴비로 거듭난다. 그래야 두고두고 먹을 수 있게 되는 것이다. 한편 소금은 체내에 꼭 필요한 물질이지만 몸속에 너무 많으면 독으로 작용하는 무기물이기도 하다.

인간사에도 간기가 배어야 한다. 흔히 남을 위한 배려나 씀

씀이가 너무 짜면 인색한 사람이 되고 말이나 행동이 멋쩍으면 싱거운 사람이 된다. 소금으로 음식 맛을 내듯 사회에 활력을 불어넣는데 '소금 같은 존재'가 필요하다. 간간한 사람이 많아야 세상이 아름답게 굴러간다.

문득 궁금해진다. 나는 짠 사람인가. 싱거운 인간인가. 소금기로 맛을 내는 삶을 살아가고 있는가.

# 삐치는 50대 욱하는 60대

지하철에서 60대가 50대에게 자리를 양보하지 않는다고 막말을 하다가 멱살을 잡고 싸웠다는 기사를 본 적이 있었다. 분을 참지 못한 70대가 이혼한 아내와 장모를 천국(?)으로 보냈다는 끔찍한 사건도 있었다. 이웃 여성을 성폭행하려다 미수에 그치자 그 방에 불을 지른 매우 씁쓸한 일도 있었다. 이는 모두 욱하는 성질이 불러일으킨 범죄다. 경찰청 범죄 관련 통계에 의하면 61세 이상 노인 범죄가 2,000년에 비해 최근 2배나 증가하였다고 한다.

나이가 들면 조직에서 우위를 점하기보다 밀려나기 쉽다. 나이뿐만 아니라 일이나 건강도 자꾸 뒤처져 간다. 한 살이라도 더 올려보려던 어린 시절에는 세월이 야속하였으나 나이 들면 아쉬운 게 세월이다. 바로 욱하기 쉬운 세대가 60대다.

60대는 아직 힘은 넘치는데 소외감이나 상실감이 크다. 스스로 건강하고 능력이 있다고 자부하는데 사회는 '잉여' 인간 취급을 하니 분노를 느낀다. 이러니 자기도 모르게 원하는 대로 되지 않으면 짜증을 낸다. 욱하는 행동을 한다.

욱하는 60대 못지않게 삐치는 50대도 있다. 젊은 나이에는 그냥 웃어넘길 수 있었던 일도 곡해하곤 한다. 나도 아내의 무표정한 모습을 오해하거나 일상적인 말에 서운해 한 경우가 더러 있다. 이제 아내는 20대의 배우자가 아니다. 요조숙녀가 아니다. 자주 '있을 때 잘하자'라고 흥얼대면서도 나의 인색한 칭찬이 문제다. 야박한 칭찬은 냉기를 부르기도 한다. 가장 믿고 사랑하는 아내에게 장풍을 맞으면 더욱 아픈 법이다.

최근 기업체에 다니는 친구들은 거의 명예퇴직이나 권고퇴직을 당했다. 이 친구들 3, 40대 때에는 장소나 거리를 따지지 않고 뭉쳤다. 의견 충돌은 있을지라도 어떤 놀이를 하든지 마냥 즐거웠다. 50대 후반, 지금은 다르다. 남자들도 갱년기인지 퉁명스러운 말투나 눈빛만 달라도 삐치는 경우가 많다. 심지어 원하는 장소가 아니면 토라지기까지 한다. 나이가 들수록 아집만 커지니 어려워지는 게 소통이다.

어린 시절에는 삐침이 의사소통의 한 수단이었으나 나이 들어 삐침은 불통의 성을 쌓는 일이다. 스스로 고립되지 않고 나와 너, 우리가 함께 할 수 있는 진정한 소통의 요소를 찾아야겠다. 혹자는 "상대 때문에 상처가 있다면 먼저 자신을 용서해

라. 그런 상대를 고른 건 바로 나 자신이기 때문"이라고 말한다. 백번 맞는 말이다. 누구든 나의 소유물이 될 수 없다. 그럼에도 불구하고 자신을 용서하는 일은 정말 어렵다.

진정한 자기 용서란 무엇인가? 자신의 잘못을 깊이 성찰하고 반성하는 일이다. 자신을 파멸시키는 두려움이 아니라 관계를 돈독히 하는 희망의 열쇠다. 어둠에서 멀어지는 것이 아니라 빛을 향해 나아가는 것이다. 부끄러운 일이 아니라 잘 사는 게 무엇인가를 찾는 일이다. 잘 산다는 말은 나나 상대에게 정성을 다한다는 거다.

한 그루의 사과나무를 심어놓고 열매를 맺지 않는다고 베어버리는 것이 아니라 나무 주변에 고랑을 파고 거름을 주며 정성 다해 가꾸는 일과 같은 이치다. 이것은 '욱'이나 '삐침'이 아니라 돌봄이고 배려요 삶의 진정성이다.

성찰과 반성은 생각과 행동을 하나로 묶는 일이다. 나아가 나와 너의 공감대 형성이요, 단절이 아니라 대화와 타협을 이끄는 결기다. 함께하려거든 뜻대로 되지 않을 때 '욱'이 아니라 '헐'하면서 참아야 한다. 궁리해야 한다. 상대를 배려해야 한다. 바로 마음의 프레임을 바꾸어야 한다. 마음을 바꾸려면 나를 위한, 너를 위한, 우리를 위한 배려가 요구된다. 먼저 자신에게 솔직해야 하고, 둘이 있을 때 상대를 먼저 위하고, 셋 이상이 있을 때 통찰력을 가지면 된다. 자신을 성찰하고 반성하는 데는 사무사思無邪, 생각에는 그릇됨이 없어야 한다. 그래야

행이정行而正, 행동이 올바르게 되는 것이다.

어쩌다 보니, 나도 삐치는 50대에서 욱하는 60대를 코앞에 두고 있다. 삐치고 욱해서 삐죽삐죽하는 늙은 오빠로 살고 싶지는 않다. 서로 소통하면서 잘살아 보고 싶다. 주변에 있는 사람들을 가슴으로 칭찬하고 몸으로 안아주며 살고 싶다.

# 장수시대

환갑이 코앞이다. 거울을 본다. 머리는 반백이다. 잔주름은 커져만 간다. 무릎관절은 건조증상을 느낀다. 얼마를 더 살 수 있을까 자문해 본다. 장수 시대라는데. 보험회사 직원은 100세 시대라고 '백세 보험'을 설계해 준다. 백세 보험 약관을 손에 쥐고 과연 그때까지 살 수 있을까? 운전은 언제까지 해야 하는가. 궁금증이 인다.

정초에 문학 동인 몇 분과 만났다. 구순을 넘긴 '우하' 선생께서 "추호도 죽고 싶은 마음이 없다."라고 하신다. "요즈음 몸은 불편해도 영혼은 더욱 맑다."라고 덧댄다. 장형님들도 그 말씀에 맞장구를 친다. 그러니 노인들 '어서 죽어야 해!'라는 말씀은 새빨간 거짓말이다. '웃찾사'에 나오는 코미디 프로를 보라. "~해서 죽겠네." 하면 저승사자가 꼭 나타난다. 그때마다

"나는 뭐든지 할 수 있어" 하면서 힘이 있다고 항변을 한다. 오래 살고 싶다는 반증을 잘 보여주고 있다.

'9988'. 99세까지 팔팔하게 살자. 99세는 정년 후 40여 년을 더한 나이다. 정년은 앞당겨지고 수명은 늘어나니 스스로 버텨야 할 기간은 길어져만 간다. 그러나 유한한 게 수명이다. 인간에게 신이 주신 고귀한 선물은 '망각'과 '죽음'이다. 망각은 기억 회로가 망가져서 기억을 못 하는 거고 어떤 사실을 잊어버림이며 뇌 신경계의 헐거움이다. 반면 죽음은 뇌세포의 기능 정지요 심장이나 근 골격계가 완전히 멈춤이며 생(生)을 마감한다는 말이다. 오래 사는 것도 중요하지만 사는 동안 몸의 기능과 정신 기억이 건재하면 얼마나 좋겠는가. 이 둘은 한 몸 안에서 각각 다르지만 함께하는 유기적인 관계다. 누구나 학습한 내용과 경험을 오래 기억하길 바라고 수명은 최대이기를 바라지만 기억력과 장수는 마음대로 되지 않는다.

난센스 퀴즈다. 장수하려면 무엇을 많이 먹어야 하는가. 답은 '나이'다. 인간은 실낙원에서 쫓겨나면서 수명이 매우 짧아졌다. 성서에서 아담은 930세, 무드셀라는 969세까지 살았는데 모세는 120세, 다윗은 70세밖에 살지 못했다.

우리나라 평균 수명은 1960년대는 52.6세, 1970년에는 61.93세, 2015년은 81.4세다. 1945년 영국의 의사 플레밍이 항생물질인 페니실린을 발견했다. 페니실린 덕분에 인간은 평균 수명이 20년이나 늘어났다. 보건복지부 통계에서 암이나 성인병에 걸리지 않은 환갑인 사람은 100세까지 살 거라고 한다. 이유는 60년 동안 살아온 생활 습관이 좋았고 날로 발전하는 의료혜택으로 장수한다는 거다.

2015년 출생자는 142세까지 산다. 노화 억제물질인 '라파마이신'의 혜택이란다. 텍사스대학교 헬스사이언스 연구팀은 라파마이신을 투여한 쥐가 평균 수명이 1.77배, 즉 27개월에서 48개월로 늘어났다고 타임지에 발표했다. 이를 적용하면 현재 수명, 80세에 1.77을 곱하면 된다. 바로 141.6세다. 결국 142세까지 살게 된다. 그렇다고 누구나 오래 사는 것은 아니다. 장수 시대에 명심할 게 하나 있다. 조선 시대 519년 동안 27명의 임금이 통치하셨다. 평균 수명은 47세였다. 명의와 명약과 진수성찬이 집중된 왕실에서 왕들이 일반 대중들보다 '왜 단명했을까?'를 잘 살펴야 할 것이다. 답은 정사를 펼치는 움직임이 아니라, 자기 절제를 못한 거 아닌가 싶다.

무릎관절에 건조 증상을 느끼지만, 오늘도 식도락을 즐기고 걷고 또 걷는다.

# 크랙

김구 선생의 삭발 터를 찾았다. 2월 말 마곡사 주변에 있는 개천의 얼음장은 금이 가 있었다. 균열은 해빙의 흔적이고 크랙(crack)이다. 선생은 삭발하면서 얼음이 녹아 하천이 해빙되듯 우리나라가 일제로부터 해방되어야 한다는 결기를 가졌는지 모른다.

백범 김구 선생이 1945년 11부터 1946년 6월 26일까지 사용한 대한민국 임시정부였던 경교장. 6월 26일 '네 발의 총성이 울려 퍼졌다.' 경교장 2층 유리창은 구멍이 뚫렸고 백범의 가슴엔 총탄이 박혔다. 백범이 저격당한 역사의 현장이다. 유리창의 크랙은 당시 총탄 흔적이고 '탕'하는 총소리이며 그 충격으로 생긴 불규칙한 갈라짐이다. 경교장의 크랙은 "내가 원하는 것은 우리나라의 독립이오"라고 외친 선생의 민족자존의 메시지 같았다.

찻잔 하나를 모셔왔다. 은은한 황톳빛이 도는 자태 고운 잔이다. 잔 바닥에 십자 문양이 새겨 있다. 잔에 뜨거운 물을 부어 십자가 문양을 보면서 성호를 긋고 잔을 들어 한 모금 마셨다. 얼마쯤 있다 다시 잔을 들어 물을 마시려는데 바닥에 물기가 흥건했다. 잔을 아무리 살펴보아도 깨진 흔적은 보이지 않았다. 얼마간 이 잔으로 보이차를 즐겼다. 시간이 지나면서 잔 안쪽에 찻물이 들어 실금이 생겼다. 희한하게도 가는 금이 생긴 잔 밑에는 습한 느낌일 뿐 더는 물이 괴지 않았다.

다도 선생은 찻잔을 설명하면서 "일반 도자기는 1,200도 이상에서 굽는데 이 잔은 700~800도에서 구웠답니다. 진흙의 특성이 살아있어 잔이 숨을 쉬고요. 물을 머금을 수 있어 찻물이 배인 답니다. 이 잔으로 차를 마시면 크랙이 생겨 더욱 멋스러울 겁니다." 몇 번 차를 우려내는 동안 맹물과 달리 찻잎에 들어있는 타닌 성분이 틈새에 스며들었는지 점점 선명한 그물무늬가 생겼다. 800도 고열에서 구운 찻잔의 진흙 입자는 모두 매끄럽게 보였으나 알고 보면 입자들 사이에 미세한 공극이 생긴 거다. 크랙은 공극들이 서로 연결된 문양이고 잔이 숨쉬는 구조이며 차 맛을 순화시키는 찻잔의 묘미다. 이제 크랙을 즐기면서 더욱 멋진 차 명상을 할 거 같다.

크랙은 분명 흠이고 오점이다. 얼음장의 크랙은 얼음이 깨졌다는 신호이고, 경교장 유리창의 크랙은 민족의 지도자를 잃은 애석한 역사의 얼룩이며, 찻잔의 크랙은 찻물로 틈을 메운 흔적이다. 크랙은 분명 흠결이지만 빙판의 금은 봄이 온다는 소식이요, 유리창의 크랙은 반탁운동 전개와 완전 자주 독립노선을 주장한 옹이 자국이다. 찻잔의 크랙은 차 생활의 반영을 말한다.

찻잔의 크랙은 미완의 흠결이 아니다. 찻잔이 숨 쉬는 숨길이고 연대의 네트워크다. 찻잔의 크랙은 차향이 스며든 시간을 말하고 균열을 스스로 메우는 마음 치유의 문양이다. 찻잔에 순화된 크랙은 다도의 경지를 드러내는 명품의 상징이다. 김소운의 '특급품'이라는 수필이 있다. 흠이 있는 비자나무 바둑판을 통해 삶에서 어쩔 수 없이 범하게 되는 잘못이나 허물을 탓하지 않고 보듬어 주는 바람직한 태도를 역설하고 있다. 사회적 통념과 달리 흠결이 있는 비자반이 오히려 특급품으로 인정받는 것처럼 찻물이 들어 크랙이 생긴 찻잔이 최상품이다.

찻잔의 크랙처럼 삶의 시련 앞에서 자책하거나 낙담하기보다 회복탄력성을 가지고 유연하게 대처하고 이겨내는 것이 명품 인생의 묘미일 테다. 실금이 짙게 밴 연대의 문양을 보면서 내가 행복하고 상대에게도 행복을 주는 공감의 크랙을 내 안에 만들어 보고 싶다는 꿈을 꾼다.

# 일본 쓰나미

2011년 10월 29일 일본 오후 나토시 인근 해역에서 그물에 걸린 가방 하나를 발견했다. 조업 중인 선원들이 가방을 여는 순간 물에 젖은 1만 엔 지폐 1,100장이 담겨 있었다. 우리 돈 160,000,000만 원이 든 돈 가방이다. 일본 당국은 이 가방이 3 · 11 일본 대지진 당시 쓰나미에 휩쓸려간 것으로 보도하였다. 이 가방의 주인을 찾고 있는데 아직 아무런 소식이 없는 모양이다. 이는 7개월이나 지난 쓰나미의 비애를 다시 한번 상기시켰다.

지난 3월 11일 NHK 뉴스 속보는 요란했다. 앵커는 절규하고 있었다.

"일본 해안에 쓰나미가 일어났다. 쿠지 지역에서, 센다이 지역에서, 히가시 마슈시마 지역에서, 카마이시 지역에서 그리고

기타이바라키 지역에서도. 온다! 온다! 초대형 쓰나미가 온다!"

앵커의 말이 끝나기가 무섭게 날이 선 파도는 육지를 향해 돌진했다. 파도를 타고 배가 육지로 떠 밀려왔다. 정차해둔 차들이나 달리는 차뿐만 아니라 평온한 해안가 마을의 집들도 파도를 탔다. 해안가 배를 난파시켰다. 서로 부딪혀 파손된 배들은 휴짓조각처럼 바다 위에 널려 있다. 자동차를 집어삼켰다. 집을 파괴했다. 조용하고 한적한 해안 마을이 송두리째 사라져버렸다. 멀쩡한 전봇대도 술 취해 넘어지듯 그냥 쓰러졌다. 이내 모두 쓰레기 잔해가 되어 온 고샅을 헤집고 다닌다. 가방을 들고 뛰는 사람도 TV를 들고 나선 사람도 파도 속으로 사라졌다. 성난 파도에 힘겹게 버티던 후쿠시마 원전도 급기야 파괴되고 말았다. 쓰나미에 방사성 물질 누출피해까지 일어나 일본 근해뿐만 아니라 태평양 연안에 접해있는 나라들에도 불안 요소를 가중했다. 우리나라도 예외는 아니다.

TV를 보면서 가슴이 철렁 내려앉았다. 이 무슨 난리인가? 무슨 사단事端인가? 자연재해는 예고가 없다. 매우 처참하다. 당하는 자 속수무책이요, 바라보는 자 망연자실이다. 어안이 벙벙할 뿐이다.

일본 쓰나미는 대재앙으로 다가왔다. 3층 높이의 파도가 일렬횡대로 서서 일제히 해안으로 밀려왔다. 도쿄에서 동북쪽으로 373㎞ 떨어진 센다이 앞바다에서 8.9 규모의 강진이 발생하여 10m 높이의 해일이 일본 해안을 강타한 것이다. 초대형 강진은 대지진으로 인해 일본 침몰의 공포감을 현실화시켰다. 특히 시즈오카현, 아이치현 등 도카이 지역의 북쪽인 도호쿠 지역에서 사흘 새 두 번째 강진이 발생하여 이는 도카이 대지진의 전조가 아니냐는 공포를 자아내고 있다. 100년 주기로 돌아온다는 도카이 대지진 주기설까지 다시 고개를 들고 있다. 또 백두산 화산폭발 1,000년 주기설이나 큰 가뭄 124년 주기설 등 각종 주기설이 등장했다. 대재앙에 대한 두려움은 극도로 증폭되었다. 이를 믿자니 두렵고 안 믿자니 계적지근하다.

아직 끝나지 않은 경고가 바로 쓰나미다.

쓰나미(tsunami)는 일본어로서 쓰(tsu)라는 해안(津)과 나미(nami)라는 파도(波)가 합쳐진 말로, 지진해일로 번역된다. 이는 산더미 같은 파도가 해안을 덮치는 것을 말한다. 그 빈도가 높은 나라가 일본이라서 '쓰나미'를 그대로 사용한다. 지진 관측 이후 역대 가장 큰 지진은 1960년 규모 9.5~10.0, 25m 해일을 동반한 '칠레 대지진'이다. 두 번째는 1964년 '알래스카 프린스 윌리엄 사운드 지진'으로 강도 9.2였고, 세 번째는 2004년 규모 9.1인 '인도네시아 쓰나미', 네 번째는 1992년 규모 9.0인 캄차카 지진이었고 다섯 번째가 올 3월에 일어난 '일본 쓰나미'다.

아직도 기억에 생생한 '인도네시아 쓰나미'는 2004년 12월 26일 아침 인도네시아 북 수마트라 서부 해저 40km 지점에서 지진이 발생했다. 이때 푸껫 해변에서 인산인해를 이룬 피서

객들은 거의 대피하지 못해 수마에 휩쓸리고 말았다.

인간은 자신을 만물의 영장이라고 자평하고, 달나라도 다녀왔다고 뽐내며, 지진의 강도도 탐지할 수 있다고 너스레를 떨지만, 오직 인간만 자연현상에 매우 둔한 오감을 가졌다. 푸켓에서 우리나라 신혼부부나 여행객도 피해를 보았다. 쓰나미 기운을 감지한 동물들은 미리 해안에서 먼 곳으로 도망쳤다는데 우매한 인간만 해수욕을 즐기다가 희생을 많이 당했다. 이런 걸 보면 인간은 헛똑똑이다. 자연현상을 감지하지 못하는 미련퉁이다. 이때 쓰나미가 덮쳐 푸껫 해변의 인파뿐만 아니라 인도양에서 아프리카까지 23만여 명이 사망하였다.

인간들이여!

이제 자연의 소리에 귀 기울이고 지각의 전율을 감지하는 능력을 갖춰야 하겠다. 정복의 역사만 쓸 것이 아니라 함께 더불어 잘 사는 지구촌을 만드는 데 온 힘을 쏟아야겠다. 지각의 판이 흔들려 파열음이 들리지 않게 난개발을 줄이고 도법자연의 자연 합일을 해야겠다. 재앙으로 불어닥치는 쓰나미를 제거하거나 막을 수는 없을지라도 인간도 동물적 감각을 발달시킴으로써 그 피해를 최소화하는 방안을 마련해야 하겠다.

2부

# 산수국

드디어 무등산 장불재다. 이마에 맺힌 땀을 훔치니 입석대가 코앞이다. 운무가 걷히자 서석대가 한눈에 들어온다. 입석대와 서석대는 산꼭대기에 발달한 주상절리다. 화산 폭발로 솟아오른 용암이 장불재를 타고 넘는 바람에 식어버린 돌기둥이 입석대요 서석대다.

한여름 풀숲에 반가운 꽃들이 피어있다. 말나리, 꽃창포, 산수국, 뱀무, 바위채송화, 큰까치수염이나 솔나물 등의 꽃들이 반갑게 인사를 한다. 백미는 산수국이다. 키는 작지만, 무리를 지어 단아하게 피어있다. 청초한 자태다. 마치 은쟁반 위에 작은 청옥들이 흩어져 있는 느낌이다. 꽃 색에 묘한 마력이 있다. 흰색과 청색 바탕에 붉은빛이 도는 꽃들이 현묘하여 사진을 찍으면 색 표현이 잘 안 된다. 자연의 신비에 감탄할 뿐이다.

주상절리 틈새에 핀 산수국은 더욱더 걸작이다. 어떤 꽃꽂이 작품보다 소담하고 멋스럽다.

산수국은 헛꽃과 참꽃, 두 종류가 함께 핀다. 여러 송이인 헛꽃은 주변을 장식하고 흰색이다. 간혹 붉은 빛이 돌기도 한다. 꽃잎 같은 둥근 꽃받침이 3개에서 5개이고 그 중앙에 암술이나 수술은 보이지 않고 3개의 작은 구슬을 실로 꿰맨 모습이다. 예쁘지만 수정이 안 된다. 참꽃은 중앙에 수십 개다. 청옥색이다. 꽃잎은 없고 꽃받침은 흔적만 있다. 씨방에 말미잘 촉수 같은 수술 5개와 암술머리 하나가 가냘프게 붙어 있다. 열매를 맺는 진짜배기 꽃이다.

헛꽃의 임무는 벌이나 나비를 부르는 호객행위다. 산 정상 헬기장같이 곤충에게 꽃의 위치를 알린다. 곤충이 올 때까지 그 모습 그대로다. 요지부동이다. 그렇지만 꽃을 찾는 수분 매개자는 헛꽃은 외면한 채 안쪽의 참꽃들만 찾아가서 꿀을 얻고 꽃가루받이를 시킨다.

하늘바라기인 헛꽃은 참꽃들이 수분이 되고나면 이내 고개를 돌려 땅만 바라본다. 수정된 꽃의 내비게이션을 꺼버린다. 이는 수분 매개자에게 더는 내어줄 꿀이 없다는 신호요 소임을 다했다는 표시다. 곤충도 이를 알고서 헛꽃으로 날아가는 수고를 하지 않는다. 이렇듯 수분 매개자와 꽃들은 멋진 교감을 한다. 서로 배려하고 상생하는 동반자 관계 말이다.

극 중의 배역처럼 산수국의 꽃들은 조연과 주연이 있다. 조연인 헛꽃은 곤충을 불러오고 주연인 참꽃들은 튼실한 열매를 맺는다. 이렇듯 주연이든 조연이든 배역을 맡은 존재자로서 내가 있어야 한다. 자존감을 가진 나, 조직을 살리는 내가 필요하다. 입석대나 서석대의 주상절리도 큰 바위기둥뿐만 아니라 이를 괴고 있는 초석도 긴요緊要하다. 주연과 조연과 같이 크고 작은 역할들이 하나로 통합될 때 그 짜임에는 강한 힘이 생긴다. 주상절리 틈새에 키 작은 산수국이 무리를 지어 조화로운 경치를 이루듯, 구성원들이 서로 소통하고 상생하면 아름다운 법이다. '밥은 혼자 먹어도 혼자 지내지는 말라'는 주문처럼 서로 어울려 살아야 한다. 더 나아가 우리도 자연과 동화할 수 있어야 한다. 인간과 자연이 더불어 사는 자연조화 문화를 만들어야 한다. 자연과의 상리공생相利共生이 바로 자연합일自然合一이요 신토불이身土不二다.

무등산 정상에서 산수국꽃들이 얼굴을 내밀어 반갑게 인사하고 하산할 때 잘 가라고 손을 흔들어주던 모습이 눈에 선하다. 성하盛夏의 염천炎天에 산을 오르는 이유 중 하나는 산수국, 너 때문이다.

# 꽃다지 사랑

꽃다지는 봄꽃식물이다. 봄꽃은 겨울을 지르밟고 온다. 언 땅 녹여 새싹 돋고 눈밭 헤치며 온다. 꽃다지는 2년생 풀이다. 가을에 싹 틔워 눈보라에 맞서 자라고 이른 봄 한 줄기 햇살로 꽃핀다. 작지만 진노랑 꽃들로 잔치를 한다. 결코 회한의 꽃은 피우지 않는다.

꽃다지는 매우 작지만 한 무리가 모여 나므로 단정하고 다소곳하다. 햇빛을 아주 좋아하는 양지식물이어서 큰 나무와 녹음이 우거진 여름을 피해 이른 봄에 살아간다. 긴 겨울 동안 꽃다지의 여린 잎과 줄기는 추위나 찬바람을 견뎌내야만 한다. 꽃다지와 같이 앙증맞은 봄꽃식물들은 자신이 선택한 세상을 직시하고 현명하게 의사결정을 하며 지구촌 식구로서 살아간다.

꽃다지는 아주 작은 꽃이지만 성 선택에는 한 치의 흐트러짐이 없다. 세대를 거듭날 수 있게 짝 고르기를 한다. 꽃은 종족 보존을 위해 색 · 향 · 미를 가졌다. 진노랑 꽃잎은 벌과 나비와 눈 맞춤하는 데 사용하고, 암술과 수술 밑에 달콤한 꿀을 숨겨놓았다. 이 꿀로 벌을 불러 모은다. 수술과 암술은 매개자의 날개깃 아래 숨어서 은밀한 사랑놀이를 한다.

꽃 속의 꿀은 무엇인가? 꿀단지는 이차 성징이다. 짝을 고르는 도구다. 직접적인 생식기관은 아니지만 짝짓기를 하는 데 꼭 필요한 형질이다. 사랑하는 데 동물이나 인간도 이차 성징이 있다. 찰스 다윈은 공작의 꼬리를 예로 들었다. 암컷이 좋아하므로 수컷은 화려하고 아름다운 큰 꼬리를 만들었다고 했다. 천적의 눈에 쉽게 띄고 도망치기 어려운 꼬리를 더욱더 화려하게 만들었다. 환경에 적응해야만 생존할 수 있다는 적자생존適者生存에 어긋나는 꼬리를 만들었다. 위험을 감수하면서도 사랑을 쟁취하기 위해, 내 유전자를 다음 세대에 남길 수 있도록 크고 화려한 꼬리를 만든 것이다.

인간의 사랑은 어떤가? 내 씨를 뿌리고 좋은 유전자를 받으려는 마음은 남녀가 따로 없다. 신전희는 〈잿밥에 대하여〉라는 시에서 "달밤에 여자와 호숫가에서/ 술을 마시면/ 아무리 퍼마셔도/ 술은 취하지 아니하고/ 어떻게 하면 배를 탈까?/ 그 궁리만 한다."라고 하였다. 짝을 차지하려는 간절한 마음을 은유하였다. 사내는 사랑을 위해 얼마의 술과 시간을 허비해야만 하는가. 아무리 술을 퍼마셔도 취하지 않고 사랑을 쟁취하려는 궁리만 하는 게 수컷의 본능일지 모른다.

사랑에는 손익계산서가 필요 없다. 감언이설의 속임수 사랑일지라도, 사회적 문제가 될지라도, 술을 마셔 혀가 꼬부라지더라도 많은 시간을 투자하면서 내 유전자를 상대에게 전할 그 순간만을 노린다.

이매창은 어떤가. 〈취하신 님께[贈醉客]〉라는 시에서 "취하신 임 날 사정없이 끌어당겨[醉客執羅衫]/ 끝내 비단 저고리 찢어 졌구려[羅衫隨手裂]/ 비단 저고리가 아까워서 그러는 게 아니라[不惜一羅衫]/ 맺은 정 끊어질까 그러는 거요[但恐恩情絕]"라고 했다. 얼마나 멋진 사내였을까. 얼마나 애절한가. 한번 맺은 속정 계속되길 바라는 마음, 끊어질까 애가 탄다.

임과 함께 노니는데 아름다운 미모나 힘센 근육도, 음악이나 문학도 꽃다지의 꿀단지 같은 요소다. 남녀가 사랑을 찾아 헤매는 성 선택은 음양의 조화요 세상 이치다. 공작이나 인간이 만든 예술혼은 사랑의 묘약으로 작용한다. 동물은 아름다운 장식이나 구성진 노래로, 인간은 심금을 울리는 시나 문장으로 사랑가를 부른다. 이런 예술혼은 바로 꽃다지가 꽃 속에 숨긴 꿀단지와 같다. 꽃다지는 꿀을 숨겨놓고 사랑을 밀고 당긴다. 바로 꽃다지 사랑이다. 이렇듯 꽃다지가 사는 세상은 꿀단지가 있고 벌과 나비가 노닐며 차가운 햇살이 있는 소우주다. 언 땅 녹이고 칼바람 잠재우는 환경 적응과 벌과 나비를 홀려서 사랑놀이하는 한세상 말이다.

꽃다지는 "내려올 때 보았네/ 올라갈 때 보지 못했던/ 그 꽃"처럼 회한의 꽃을 피우지 않는다. 벌과 나비에게 꿀단지를 먼저 줌으로써 황홀한 사랑놀이를 한다.

그대의 사랑가는 무엇이던가. 눈 오는 날 밤, 담장 밖에서 불빛 희미한 창가를 향해 부엉이 소리를 내는가. 휘파람을 부는가. 서재에서 〈잿밥〉에 대한 글을 쓰고 계시는가. 꽃 속에 꿀단지를 숨겨둔 꽃다지 사랑처럼 은밀한 사랑을 꿈꾸는가.

# 나무처럼

도솔천兜率天을 따라 도솔암에 오른다. 숲의 나무는 바위와 실개천이 어우러져 한 폭의 수채화 같다. 거기다 새소리 물소리 바람 소리 곁들이니 선경이 따로 없다.

큰 바위 벽면을 타고 오른 송악, 대웅전 뒤편 동백나무군락, 진흥굴 부근의 장사송은 이미 천연기념물이 되었다. 석창포, 갈풀은 하천을 따라 바위틈을 메우고, 갈참나무 졸참나무 서어나무 등은 산록 사면을 푸르게 에워싸고 있다. 자연은 풀이나 나무 어느 하나 허투루 배열하지 않은 듯 조화롭다. 어떤 꽃, 어떤 나무도 억지로 꾸민 흔적이 없다. 곡曲 자로 자란 나무가 산을 지킨다는 말처럼 저마다 제 생긴 모습 그대로 자연과 하나가 되었다.

숲은 꽃밭이고 꽃의 궁궐이며 자연의 신전이다. 복수초와

바람꽃이 봄을 부르면 매화와 동백꽃이 화답하고, 벚나무가 꽃의 궁궐을 완성한다. 이어서 철쭉은 붉게, 개나리는 노랗게, 가막살나무는 하얀 꽃으로 신전을 장식한다. 여름에는 칡과 싸리, 가을엔 꽃무릇, 구절초, 차나무꽃이 핀다. 겨울에는 잎 떨어뜨린 가지마다 설화를 피워낸다. 철 따라 식물들은 고유의 색 · 향 · 미를 가지고 숲의 향연에 참여한다.

숲은 모든 식물을 받아들인다. 있는 그대로 품어준다. 어떤 풀도 내치지 않는다. 어떤 나무도 차별하지 않는다. 또한 풀과 나무는 옆에 있는 식물을 탐하거나 시샘하지 않는다. 본연의 모습으로 저마다의 꽃을 피운다. 우리는 그런 꽃에 감탄과 매혹의 눈길을 보낸다. 숲은 다름을 인정함으로써 풍요로워지는 세계다. 나무는 인간에게 세상에 존재하는 법을 가르친다.

보수광장에 있는 자유의 나무는 참나무, 포플러, 보리수, 느릅나무다. 빅토르 위고는 자유의 나무에 대해 그 상징성을 말한 바 있다.

"아름답고 진정한 자유의 상징은 나무다. 나무가 땅의 심장부에 박혀 있듯이, 민중의 심장 속에 자유의 뿌리가 박혀 있다. 자유는 나무처럼 자라 하늘을 향해 그 가지를 뻗는다. 그렇게 끝없이 자란 자유는 그늘진 자리에 있는 자손들을 감싸 안는다."

그늘진 자리에 있는 자손들을 감싸 안는 자유의 나무로부터 우리는 배려심과 공존의 지혜를 배운다. 자유의 나무는 신이

심었다고 한다. 예수는 민중을 구원하기 위해 자신을 희생하였다. 자기희생으로 그늘진 자리에 있는 대중에게 자유를 안겨주는 큰 사랑을 실천하였다. 자유는 누구의 전유물도 갇질 문화의 향유물도 아니다. 그러니 내 자유가 타인의 자유를 옥죄면 안 되는 거다.

법정 스님은 임제 선사의 말을 빌려 "일없는 사람이 구한 사람이다"라고 했다. 여기서 일없는 사람은 할 일 없이 노는 사람이 아니다. 일을 열심히 하면서도 그 일에 빠지지 않는 사람을 말한다. 일없는 사람이 자유의 나무 같은 사람이다. 나무는 한가롭게 해와 달과 벗하면서 비바람에 흔들리지만, 이 나무가 숲을 이루고 때가 되면 꽃 피고 열매를 맺어 세상과 소통한다. 나무처럼 일없는 사람은 가슴에 자유의 뿌리를 내리고서 한결같은 모습으로 자신의 분수를 알고, 직분을 다하며 그늘진 곳을 챙길 줄 아는 이다.

자유인은 아름답게 꾸민다거나 남에게 잘 보이려는 영웅 심리로 되는 일이 아니다. 진정한 자유인은 자아를 성찰하고 자기 생각과 감정을 공유함으로써 다른 사람들과 밀접한 관계를 형성하는 사람이다. 인간은 신의 대리인으로 자연의 지배자가 아니다. 자연의 구성원임을 알아야 한다. 나무가 생태적 지의를 가지면서 하늘을 향해 자라는 것처럼 인간은 자연조화 문화를 이루어야 한다. 평상심으로 살아야 한다. 출세만을 위해 자신 외에 밖을 향해서 매달리지 말아야 한다. 밖을 향해 치달아서 얻은 업적이 때론 '허업虛業'에 불과하다는 걸 알아야 한다. 아름다움의 본질을 아는 사람은 일에 눈멀지 않고 그 일로서 빛나는 이다. 바로 일없는 사람인 거다.

나의 가슴에 한 그루 자유의 나무가 자라고 있는가. 나무의 그늘도 품고 살아가고 있는가. 오늘따라 도솔천을 향한 숲속 나무들이 전해주는 메시지가 긴 여운으로 남는다. 자신의 터수를 알고 꾸밈없이 자라는 숲속의 나무처럼 자유가 자유를 자유롭게 하라.

숲길을 걸으며 새처럼 중얼거린다.

아름다운 꽃이여! 자유의 나무여! 일없는 사람이여!

# 남산의 소나무

4월 중순 대구대학교에서 학회를 마친 다음날 경주에서 봄을 즐겼다. 이른 아침 경주국립공원사무소에 들러 소장님과 담소를 나누었다. 소장님은 화보에 자주 등장하는 안개 낀 소나무 숲, 남산 솔밭을 추천했다. 토함산과 남산 지역의 소나무 숲을 둘러보기로 했다.

토함산으로 가는 길에 마주친 보문단지는 완연한 봄날이었다. 주변 가로에는 흐드러지게 핀 왕벚나무에서 꽃비가 내리고 있었다. 꽃비를 맞으며 지나가는 그 길은 너무 환상적이었다. 한편 보문호 건너편 산자락에는 신록으로 싹트는 나무들 사이로 드문드문 만개한 벚나무들이 동양화로 펼쳐졌다. 그리고 매화마름을 보고 난 뒤 토함산 자락 시부 마을 뒤 계곡에 이르러서는 피나물, 복수초, 연복초, 변산바람꽃과 애기송이풀

등을 보았다. 참으로 아름다운 봄꽃 속삭임과 봄꽃 내음에 마음을 빼앗겨 버렸다.

드디어 남산 솔밭이다. 포석정이 먼저 반겼다. 포석정은 옛 정취를 자아내는 대리석으로 만든 물길로서 옛 모습 그대로 남아있으나 흐르는 물과 인걸은 온데간데없다. 지금이라도 느티나무 노거수 아래 포석정의 물길을 재현하여 표주박에 띄운 동동주를 한잔 마실 수 있다면 얼마나 좋겠는가. 입장료는 표주박 막걸리로 값을 대신한다면 얼마나 좋을까. 생각해보았다. 조각한 대리석 물굽이만 나뒹구는 포석정이 허전하게 느껴졌다. 다행히도 포석정과 교우하는 남산 숲이 있었다. 달이 차고 기우는 밤마다 포석정에 들러 한잔하는 이는 바로 남산의 소나무들로 생각되었다.

경주 남산의 저 소나무여!

온통 곡 자로 자란 소나무뿐이구나. 밤이면 포석정에 놀러 가서 술깨나 푸고 취해 그러고 있는가. 남산 꼭대기로 향하다가 다리가 꼬여 더는 못 가고 모두 삼능 주변에 모였는가. 어느 하나 똑바로 서 있는 나무가 없다. 모두가 삐뚤빼뚤이다. 기이한 나무뿐이다. 낙락장송落落長松은 한 그루도 없다. 하나같이 개다리 춤을 추고 있다. 밤새 취했으니 낮인들 곧바로 설 수 있겠는가. 정말 한 그루씩만 놓고 보면 낙제점이다. 그러나 구불구불 자란 소나무 숲은 누가 보아도 친근감이 넘친다. 곡선의 소나무는 허물없이 대할 수 있는 유대감이 있어서 좋다.

남산의 소나무들은 정감 가는 풍경이 되었다. 조화로운 명품 솔밭이 되었다.

삼능의 소나무들은 사진작가나 조경가도 '정말 아름답구나!'를 연발하는 감탄의 숲이다. 시인이든 연인이든 내면의 감성을 자극하여 시어를 자아내게 하는 송림松林이다.

명품 숲에서 생각이 많아졌다. 석전 황욱 선생이 쓴 글이 생각났다. "기수청류천奇樹聽流泉, 송고백학성松高白鶴成." 기이한 저 소나무는 포석정에서 흐르는 물소리를 들으며, 크게 자란 소나무는 백학을 불러 모은다. 바로 송학지정松鶴之情이다. 남산 뜰 소나무들이 커서 학이 날아와 우는 날! 소나무 푸르름은 백학이 둘러앉아 있을 때 더욱 푸르고 백학의 고고한 자태는 솔밭 위에 사뿐히 내려앉을 때 더욱 희고 아름다운 법이다.

소나무는 옛날부터 쓰임새가 많다. 한옥에서 기둥과 서까래는 모두 소나무 줄기다. 판재로 썰어서 대청마루나 가구도 만든다. 그리고 남은 것들은 땔감으로 썼다. 하지만 남산의 저 소나무는 무엇에 쓸까? 솔밭을 찾는 이들은 그 주변을 분주히 오가거나 삼삼오오 모여 소나무에 대해 이야기꽃을 피운다. 그 소리를 듣는 소나무들은 귀가 꽤 간지러울 것이다.

남산의 저 소나무들은 모두 제멋대로 자라서 잘려 나가지 않을 것이다. 곡 자의 미완이 일궈낸 완성미가 바로 남산 솔밭이다. 국립공원 직원은 '토양이나 유전적 요인 때문에 저런 모습이지 않겠냐'고 말하였다. 정말 큰 왕솔로 자라면 요긴하게 쓰일 것인지 의문이 생긴다. 물안개가 내려앉은 솔밭은 사진 작가들의 작품이나 시인들 시어로 녹아드는 것 빼고는 다른 용도는 없을 거로 생각이 들었다. 이제 땔감도 사용하지 않으니 더욱 용도를 찾기는 어렵다.

그렇지만 곡 자로 자란 통나무의 쓰임은 구례군 토지면 오미리에 있는 운조루에 가면 볼 수 있다. 안채로 들어서는 헛간 구석에 아주 큰 소나무 밑동을 이용한 쌀통이 바로 그것이다. 두 가마니가 들어가는 쌀뒤주 아랫부분, 바로 쌀 나오는 구멍 위에 '타인능해他人能解'라고 쓰여 있다.

타인능해. 가난하고 끼니를 걱정하는 이들이 능히 풀어헤쳐 쌀을 가져가도 된다는 의미다. 없는 사람들을 구하고자 하는 옛 부자의 지혜로운 철학이 배어 있다. 얼마나 멋진가. 나눔의 미학을 이룬 곳이 운조루다. 또한 가난한 이들도 허기를 달랠 정도만 쌀을 가져갔다니 얼마나 아름다운 조화인가. 성경 말씀에 99 가진 자가 하나 가진 자의 것을 빼앗아 100을 채우려는 것이 세상의 이치라는데 가난한 이웃을 위한 부자의 사려 깊은 배려 새겨볼 만하다. 혹자는 가져야만 나눌 수 있다고 놀부처럼 사는 세상이 요즘 세태라고 설파하지만, 타인능해가 뜻하는 바는 매우 크다.

곡선의 소나무들이 자연스럽게 자라서 조화로운 명품 숲이 되었듯이 굽은 왕솔나무 밑동들은 모두 타인능해로 거듭나기 바라는 마음이다.

이런 이유로 남산의 솔밭이 눈에 선하고 여전히 정겹게 느껴진다.

오늘 밤에도 남산의 소나무들이 술 푸러 포석정에 마실을 가는지 보고 싶다.

# 버드나무

봄이다. 버드나무 가지에 물이 올랐다. 봄바람이 살랑대니 연둣빛 치맛자락을 휘날린다. 겨우내 움츠렸던 마음이 노긋해진다. 늘어진 버들가지마다 겨울눈이 도드라져 있다. 잎이 나올 듯 말 듯 한 모습이다. 버드나무의 반영이 연못의 윤슬에 흔들린다. 운치가 그만이다. 꽃샘추위는 봄을 시샘해도 능수버들은 천만사 가지를 거느리고 봄 마중 나왔구나.

제멋에 사는 봄의 낭만주의자, 버드나무에는 이별의 눈물과 사랑의 그리움이 배어 있다. 부안기생 매창은 유희경과 이별하면서 '버들과 매화가 봄을 다투는 이 좋은 날, 차마 못 할 것은 잔을 잡고 정든 님과 이별하는 일'이라고 했다. 기생 홍랑은 버드나무 아래에서 '버들가지 하나를 꺾어 임에게 주면서 주무시는 창밖에 심어 두고 보소서. 밤비에 새잎 나거든 나를 본 듯 하라'고 하면서 눈물을 훔쳤다. 평양기생 계월은 대동강 가에서 고운 님을 천만사 능수버들 가지로 동여매지 못한 이별을 애달파했다. 반대로 사랑으로 승화한 버드나무도 있다. 버들 아씨 이야기다. 태조 왕건이 나주 완사천에서 빨래하는 아가씨에게 물 한 모금을 청하자 아가씨는 표주박에 버들잎 하나를 띄워 물을 건넸다. 왜 버들잎을 띄웠냐고 물으니 급히 마시다 체할까 봐 그리하였단다. 훗날, 이 버들 아가씨는 왕건의 두 번째 부인 장화왕후가 되었다. 이렇듯 버드나무는 눈물 어린 이별의 정표요 사랑의 가교가 되었다.

누구나 꺾어도 된다는 길가의 버들과 담장의 꽃이 노류장화路柳墻花다. 노류장화는 몸을 파는 여인을 빗대어서 하는 말이다. 이들과 함께 노니는 부류를 화류계花柳界라고 부른다. 화류계에도 절개는 있었던 것인지. 춘향이 이부 종사를 할 수 없다고 사또의 수청을 거절하자, 변학도가 춘향에게 하는 말. "노류장화가 수절이란 말 괴이하다. 요망한 말 말고 오늘부터 수청을 거행하라."라고 외친다. 또한 창부타령에는 "노류장화 몸이 되니, 차라리 다 떨치고 산중으로 들어가서 세상 번뇌를 잊어볼까." 신세 한탄을 하지만 잊을 수 없는 게 사랑이고 놓을 수 없는 것이 사랑이던지. "창문을 닫아도 숨어드는 달빛, 마음을 달래도 파고드는 사랑," 노류장화의 마음만 그런 게 아니다. 달밤에 버드나무 밑에서 데이트를 해본 사람은 알 것이다. 나무에 숨어도 스며드는 달빛, 바람결 따라서 파고드는 사랑. "사랑이 달빛이냐, 달빛이 사랑인가." 봄날 버드나무를 보고 있노라면 미완일지라도 버드나무 밑에서 사랑 타령을 부르고 싶다.

버드나무는 향일성向日性 세계의 이단아다. 하늘로만 솟지 않고 삽살개 갈기처럼 가지를 늘어뜨린다. 많은 식물은 줄기가 곧고 가지 끝이 하늘을 향하지만, 해를 보는 게 부끄러운 버드나무는 땅을 향해 가지가 매달리기도 한다. 버드나무는 1년 자란 가지만 늘어뜨리고 능수버들과 수양버들은 3, 4년 자란 가지까지 내려뜨린다. 이런 가지들은 바람이 부는 대로 유연하게 흔들리지만 꺾이지 않는다. 택견 기본동작과 같이 근육에 힘 빼고 팔다리 흔들거리는 부드러운 힘으로 버드나무는 자신을 강하게 만든다. 버드나무는 보기에는 유연하지만 부러지지 않는 강인한 면모를 갖추었다.

버드나무는 회복탄력성(resilience)의 DNA를 가졌다. 버드나무 지팡이를 땅에 꽂으면 생기가 돌고 새로운 나무로 성장하는 분화전능성分化全能性이 있다. 물속에 잠기면 물에 잠긴 부위의 줄기 밑동에 숨 쉬는 기근氣根인 부정근을 만들어 역경을 이겨낸다. 태풍에도 가지는 꺾이지 않고 가늘고 긴 잎은 유연하게 흔들리지만 떨어지지 않고 다시 제 모습 그대로 회복하는 탄력성이 있다. 심리학에서 회복탄력성은 다양한 역경과 시련과 실패를 오히려 도약의 발판으로 삼아 더 높이 튀어 오르는 마음의 근력을 의미한다. 버드나무처럼 인간도 외유내강外柔內剛과 회복탄력성이 있어야 한다. 더 나아가 공감 능력이 필요하다. 공감은 타인과 동화되는 감정이입이다. 특히 4차 산업혁명의 시대는 학문적 통섭과 융합에 기반을 둔 공감의 시대다. 시대에 보조를 맞추려면 공감의 DNA가 발현되어야 한다.

앨런 와이즈먼은 우리나라 비무장지대를 보고 ≪인간 없는 세상≫이라는 제목을 정했다고 한다. 인간의 간섭이 없는 60여 년 동안 비무장지대는 숲이 되살아났고, 동물이 뛰노는 동물 왕국이 되었다. 강원도 산악지대뿐만 아니라 임진강과 맞닿은 한강하구 장항습지까지 자연이 되살아났다, 특히 버드나무숲으로 이루어진 장항습지는 물고기들의 천국이요 새들의 낙원이며 강과 바다를 살리는 자연의 허파다. 아울러 태풍의 피해를 줄일 뿐만 아니라 해안의 침식을 막는 자연제방이다. 이것이 버드나무의 회복탄력성이다.

봄의 전령 버드나무에서 옛사람들의 이별과 사랑뿐만 아니라 유연한 회복탄력성의 DNA를 본다. 근육의 힘을 빼고 흔들거리는 부드러운 힘으로 자신을 단련하는 버드나무, 마음의 근력을 키우는 게 생존의 묘가 아닐까.

# 청보리

제1회 청보리 축제가 고창에서 열렸다. 1919년에 설립된 고창고보(현 고창중고)의 교가가 '보리'인 걸 보면 제1회 축제가 늦은 감은 있지만, 다행이다. 고인돌과 모양성은 고창의 문화유산이다. 고창의 3미三味인 녹차, 장어와 복분자술도 고창의 문화요, 보리는 고창의 자랑거리다.

고창 공음면, 5월 하늘은 둘이다. 하나는 황사에 멍든 희뿌연 하늘이요, 다른 하나는 그 너른 들판에 푸르게 펼쳐진 청보리 하늘이다. 황사의 하늘은 내 것이고, 청보리밭 하늘은 아버님 것이다. 최근 향수의 청보리밭은 청록 그대로인데 환경오염에 찌든 하늘은 황사가 넘실댄다. 그러나 옛날에는 뭉게구름 피어나는 파란 하늘이었지만 보릿고개 시절 선조들의 얼굴은 누렇게 부황 들었다.

청보리!

청보리란 아직 여물지 않은 푸른 보리다. 수확할 수 없는 보리다. 바로 보릿고개의 배고픔과 고통을 상징하는 것이었다. 굶주림에 주린 배를 채우기 위해 산이나 들로 나가 풀뿌리나 나무껍질을 벗겨 먹었던 시절, 그것도 없으면 아직 익지 않은 보리를 베어 물만 부어 죽을 끓여 먹은 것이 청보리 죽이었다.

공음면에서 내가 본 청보리밭은 지평선을 만든 장관으로 다가왔지만, 아버님이 보시는 청보리밭은 그 먼 옛날을 회상하는 보릿고개의 청보리다. 이것이 아버지와 내가 갖는 세대 차이다. 최근 교외에는 별식의 보리밥집이 성황이다. 특히 비만자가 많은 오늘날, 보리밥은 다이어트 식사로 알려져서 티코부터 에쿠스까지 몰린다. 보리밥에 푸성귀 넣고 고추장 한 숟가락 넣어 비벼서 먹는 맛, 참 별미다. 그런데 내가 아는 노老학자는 절대 보리밥을 먹지 않는다고 한다. 어린 시절 보리죽과 보리밥에 신물이 난 것이다. 어린 시절 하루에 세 번씩 '죽'에서 벗어나야겠다고, 상다리를 움켜쥐면서 성공을 다짐했는지도 모른다. 이는 동전의 양면처럼 인식의 차이로 여겨진다.

보리는 가을에 논밭에 파종하면, 싹이 난 채로 겨울을 난다. 추운 겨울 눈보라에도 녹색을 유지하면서, 서릿발이 서는 겨울, 밟으면 밟을수록 힘차게 곧추서는 것이 청보리다. 봄이 되면 청보리 마디가 자라는데, 속은 텅 비어 공기로 차 있다. 마치 대나무처럼 기개를 잃지 않은 빳빳한 보릿대는 그 끝에 튼실한 보리알을 매달고 있다. 타작한 보릿대는 왜 그리도 가벼운지.

청보리는 모진 추위를 견디고, 짓밟히는 고통 속에서 뿌리를 잘 뻗어서 씨알이 들기도 전에 보릿고개로, 알알이 맺힌 열매로 우리 배를 채워 주었다. 열매를 떼어 낸, 보릿대는 속빈 가벼움뿐이다. 자신은 비우고 알알이 영근 열매를 맺어 선뜻 내어놓는다. 이것이 큰사랑이다. 청보리는 자신을 비워 보릿고개에 신음하는 대한민국을 살렸다. 2002년 월드컵 때 "아~ 필승 코리아" 물결로 세계를 놀라게 했으나 불과 2년이 지난 지금은 아닌 것 같다.

자살률 세계 1위의 나라가 우리나라다. 최근 사회지도층들이 앞 다퉈 '투신'하여 죽음을 초래하는 베르테르 효과는 무책임, 그 자체이다. 한편으로 자신의 성공에만 급급한 것 아닌가. 보릿고개를 잘 못 넘긴 세대는 아닌지. 의문을 제기해본다. 지도층은 자신의 이익과 말만 앞세우고 관철하려 하면 진정한 지도자가 아니다. 주변 이야기를 경청하고 자신을 비우는 큰사랑과 여유와 위트를 가져야 한다. 수술대에 오른 레이건 대통령의 일화다. 의사에게 "당신 공화당원이지?"하고 물으니까. 의사는 "예 오늘만 공화당원입니다"라고 하였다고 한다. 얼마나 멋진 해학인가. 추운 겨울철 밟을수록 더 푸른빛을 띠고, 자신을 비우고 큰사랑의 열매 내놓는 '청보리 철학'을 알아야겠다.

넓고 넓은 들판에서 매년 청보리밭 축제를 한다. 봄날이 오면 청보리밭에 가보자. 보리밭 사잇길 걸으며 담소도 나누고, 한 자락 추억도 새기고 자신을 비움으로써 주린 배 채워주던 청보리 철학을 느껴보면 좋겠다. 청보리가 우리에게 전하는 '큰사랑'의 에너지를 느꼈으면 좋겠다.

# 히어리*

히어리는 한국 특산종으로 환경부 보호종 34호로 지정되어 있다. 순천지역 자연환경 조사에서 히어리 군락을 발견했다. 떡 본 김에 제사 지내듯, 히어리 집단 자생지를 보전하는 방안을 궁리하였다. 히어리 보전을 위한 연구계획서 발표 때, "왜 이름이 히어리인가요. 말뜻은 무언인가?"라고 질문하였다. "글쎄요"라고 말할 수밖에 없었다.

히어리는 1910년 일본인 학자가 처음 채집하여 '송광납판화(*Corylopsis coreana* Uyeki)'라고 이름 붙였다. 송광은 송광사 부근에서 채집된 것을, 납판화는 꽃이 벌집의 밀랍 모양에서 따온 것이다. 그 후 '송광꽃나무'로 부르기도 하고, 북한에서는 분포하지는 않지만, '납판나무'로 부르고 있다. 최근에는 '히어리'라는 이름을 사용하고 있다.

히어리의 어원을 알 길이 없어 원로 학자에게 물어보았다. 대부분은 타계하신 학자분이 살아 계셨으면 하는 아쉬움만 피력하였다. 이우철 교수께서는 타계하신 이창복 교수가 '히어리는 전라도 지역 방언'이라고 기록하였다고 말하였다. 나는 히어리 어원을 찾아 수소문할 수밖에 없었다. 순천시 지역의 청소골 산장 주인은 "시오리"가 청소골 지역에 많다고 하였다. 조계산 자락에 자리를 잡은 승주읍 신전마을 어른들도 "응 시오리가 골째기에 쐐 뿌렀어" "한번 올라가 봐" 하셨다. 그 뜻을 물었더니 속 시원하게 알려 주는 분은 없었다. 한결같이 '어른들이 시오리라고 불렀어!'라고 하셨다.

청소골 지역에서 히어리 분포 조사를 하고 난 후 그 해답을 찾았다. 시오리는 십 리(4km)에 오리(2km)를 더한 약 6km 거리를 의미한다. 계족산 아래 청소골 지역 히어리는 골짜기를 따라 시오리 정도씩 떨어져 분포한다. 히어리는 살아가는 방식이 특별하다. 수줍은 처녀 같다. 사내에 대한 마음은 있으면서도 선뜻 자기 자태를 내보일 수 없는 조선의 여인 같다고 해야 할까. 해를 사랑하면서도 한 낮에 태양 빛과 마주하지 못하는 짝사랑 여인처럼, 양지바른 산의 남쪽 사면에는 히어리가 분포하지 않는다. 언제나 북사면, 북동사면이나 북서사면에서 담장 너머로 머리를 내밀고 주변을 살피는 격으로 직접 태양을 마주 보지 못하고 오후에 드는 빛만을 즐긴다. 이런 생태 특성을 가진 히어리는 큰 산자락의 주 능선이나 남사면에 분포하지 않고, 골짜기를 따라 북사면에만 분포한다. 마치 시오리 간격마다 출현함으로써 향명鄕名이 '시오리'가 된 것으로 추정했다. 히어리의 원래 이름은 아마 전라도 방언으로 '시오리'가 정확한 것 같다.

추측건대 이창복 교수와 대화한 순천지역 노인은 치아가 몇 개 빠져 발음이 샜던 모양이다. 시오리를 엇나간 발음으로 히오리라고 했는지도 모를 일이다. 그러니 단언컨대 시오리가 히오리가 되고 다시 히오리를 히어리로 명명했을 것이다.

신정마을 어른들의 말을 되풀이하면서 박종길 씨와 함께 히어리가 많다는 계곡을 오르고 또 올라도 거의 찾아볼 수 없었다. 그곳에는 소나무와 참나무류가 빽빽하게 키가 큰 교목으로 자라있었다. 북사면 계곡은 모두 그늘진 숲으로 변해 있어 히어리는 찾아볼 수 없었고, 능선부 햇빛이 미치는 곳에 한두 개체가 눈에 띄었다. 3, 40년생의 키 큰 나무가 숲을 이루니 많고 많았던 히어리는 더는 살 수 없어 그 터전을 잃고, 개울가에 내려와 소수의 개체만이 고개를 슬며시 내밀며 살고 있다. 이처럼 자연 천이가 일어나 극상림으로 진행되면 히어리는 조계산 숲에서 사라질지도 모른다. 이처럼 키 큰 나무와 경쟁에서 도태되고 마는 생태 특성을 고려해 볼 때, 히어리를 보호종으로 지정하길 잘한 것 같다. 히어리 같은 보호종을 그냥 방치하는 것이 보존의 최 상책은 아니라고 생각한다. 생태적인 특성을 파악하여 종이나 군락 단위의 보전을 위한 유지 관리가 필요하다고 판단된다.

이른 봄 노랑꽃 히어리 군락에서 꽃 축제가 열리는 그날이 오면 얼마나 좋을까?

*: 히어리는 필자가 2004년도 차세대핵심환경기술개발사업을 통해 연구한 결과 환경부는 보호종 34호에서 제외하였다.

# 선운산 꽃무릇

숲속이 소란하다. 대웅전 단청보다 곱디고운 붉은 꽃무릇이 양탄자를 만들었다. 내가 온다고. 네가 왔다고. 모두 오라고. 선운산 골짜기에 레드카펫을 깔아 놓았다.

꽃무릇. 다른 이름은 석산石蒜이다.

영원한 그리움을 안고 피는 꽃. 잎과 꽃이 한 번도 만나 본 적이 없는 풀. 잎들이 무리를 지어 고개를 내밀고 기척을 해도 꽃은 묵묵부답인 한 세월이다. 한 줄기 꽃대를 힘차게 올려 깨금발을 짚고 서도 무성한 잎들을 전혀 찾아볼 수 없는 세상이다. 그래서 서로 생각하고 그리워한다는 의미의 상사화라고 부르는 식물의 일종이다.

가을부터 이듬해 봄까지 초록 잎만 무성하다. 한겨울 눈밭에도 버선발로 초록이다. 한여름 파란 잎들을 진 녹여 9월에 피는 꽃이 꽃무릇이다. 오호 애석 타! 꽃무릇의 꽃대는 잎 없는 나신이다. 선혈을 토해 붉게 타오르는 꽃뿐이다. 한 떨기만 피어있으면 너무 가냘파서 숨이 멎을 것 같은 슬픈 느낌이다. 다행히 선운산 골짜기를 따라 무리 지어 피어있으니 아름답고 환상적이며 고혹적이다.

꽃무릇의 꽃은 잎사귀가 그리워 애가 타고, 나는 꽃무릇에 반해 속이 탄다. 타는 가슴 달래려고 선운산 복분자주를 한잔하니 마음은 달뜬다. "화농점객발花濃漸客發이요. 주박승인정酒薄勝人情"이라고 하였던가. 꽃이 농염하니 나그네 귀밑털이 부끄럽고 술은 허름해도 사람 사는 정 나게 한다고 하지 않았던가 말이다.

꽃에 홀리고 술에 취하고 벗에게 도취한 하루. 그렇다. 살다가 수지맞았다.

'동백꽃을 보러왔다가, 동백꽃은 아직 일러 주막집 아낙의 육자배기 가락에 그것도 목이 쉬어 남았다'라는 시구처럼 선운사 지역은 춘삼월도 멋지지만, 9월에는 오지다. 바로 3홍으로 물든 한 세상이 있기 때문이다. 꽃무릇이 1홍이요. 양념 장어구이가 2홍이며 선운산 복분자주가 3홍이다. 여기에 덤으로 너와 나의 붉은 두 볼이 4홍이다.

선운사 골짜기에는 인정을 나게 하는 3홍이 있으니 '그립다.' 할지라도 이보다 더 좋을 수 어디 있겠는가. 다시 가고 싶다. 선운사 산사음악회에 가서 꽃무릇에 눈멀고 복분자주에 마음

젖고 노랫가락에 흥興겨운 3취三醉를 즐기고 싶다.

꽃무릇이 파란 하늘을 이고 날갯짓을 한다. 꽃무릇이 나그네의 발길을 붙잡는다. 나의 가슴에 카오스의 파문이 인다. 견우와 직녀처럼 일 년에 한 번 만날 거라면 차라리 만나지 않는 편이 낫다고 생각하면서도 뭔가 애달프다. 삶이 애잔하고 모질다. 그렇다고 잎과 꽃이 만나면 회한을 풀 수 있을지 의문이다.

연戀이 연緣이 되면 얼마나 좋겠는가? 연이 인연이 되면 필연必然이요 연이 연으로 닿지 못하면 숙연宿緣이다. 한곳에 묶여 있으면서 영원히 만나지 못하면 고연固然이다. 꽃무릇의 잎과 꽃은 고연이다. 둘은 자연의 이치에 따라 교대로 생멸生滅한다. 해와 달이 숨바꼭질하는 것처럼.

인생사 모두가 필연이면 얼마나 좋겠는가. 무심히 스치는 숙연이나 고연도 내 이웃이다. 숙연이나 고연도 윤회하여 필연이 되면 좋겠다. 꽃무릇을 바라보며 인생사 행불유경行不由徑 아닌가 중얼거려본다. 봄 여름 가을 겨울. 계절을 굽이굽이 잘 갈무리하는 꽃무릇 고연처럼. 길을 나설 때 항상 지름길만 선택할 일은 아니다. 오늘처럼 사행蛇行의 길이어도 흐드러지게 핀 꽃무릇에 감동하고 공감하면 발길 가벼운 거다.

꽃무릇이 만개한 선운사 계곡은 구불구불하여도 심신을 씻어주는 자연치유의 길이다.

꽃무릇에 취해 신열身熱을 앓으며.

# 백련

비가 옵니다. 가랑비가 옵니다. 청운사 연 방죽에 백련이 피었습니다. 연 밭에 빼곡히 들어찬 연잎들이 시원시원해 보입니다. 연잎들을 자세히 들여다보니 모두 높낮이가 다릅니다. 이 연잎들은 높이를 서로 달리하고 엇나가게 하여 햇빛이나 이슬비도 서로 나눠 갖습니다. 마치 개나리가 마주난[對生] 잎을 차례로 90도로 어긋나게 하여 모든 잎에 골고루 햇볕이 들게 하듯, 감나무가 가지에 잎을 하나씩 붙여 호생互生하는 잎들로 자연스럽게 햇볕을 나눠 갖는 것처럼 말입니다. 이렇듯 나무나 풀들은 수많은 잎을 만들고 이들이 햇빛을 잘 이용하도록 설계해 놓았습니다.

가녀린 잎자루 위에 커다란 연잎. 연잎의 역할은 광합성입니다. 광합성은 햇빛을 이용하여 영양분인 유기물을 만드는 것입니다. 잎은 광합성을 하여 그 양분을 꽃대나 진흙구덩이 속에 숨겨둔 땅속줄기로 보내 더욱 튼실하게 만듭니다. 부지런한 연잎은 그 양분을 많이 만들어 꽃대궁 위에 탐스러운 꽃도 피워냅니다. 하소 백련지에는 온 통 흰 연꽃인 백련 세상입니다.

신은 식물에게 기막힌 달란트를 주었습니다. 일생을 한 곳에서만 사는 고통을 주기도 하였으나 스스로 양분을 만들 수 있는 광합성을 하게 해 주었습니다. 광합성 산물은 지구촌에 사는 모든 생명체들의 에너지원입니다. 늘 식물은 제 자리에서 자연에 순응하며 풍요로운 계절엔 녹색 잎으로 광합성을 하고 추운 겨울에는 잎을 떨어뜨리고 세월을 인내합니다. 그러면서도 세월을 탓하거나 주변을 시기하지 않습니다. 키 작은 풀은 앉은뱅이로, 키 큰 나무는 꺽다리로 서서 햇빛을 나눠 가집니다. 쌀도, 보리도, 옥수수도 만들고 우리가 좋아하는 감, 복숭아, 사과도 만듭니다. 이렇게 열심히 만든 열매를 아낌없이 우리에게 줍니다. 원래 열매는 자기 종족을 보전하기 위해 만드는 것이지만 식물은 종족 보존을 위해 덤도 만들 줄 압니다. 식물은 인간에게 맛있는 열매를 아낌없이 줌으로서 사랑을 받고, 자신을 던짐으로서 새롭게 태어나는 생존철학을 보여 줍니다. 그래서 인간들은 식물이 주는 덤에 길들여졌기에, 식물들의 종족 보존을 위해 씨앗을 열심히 심고 길러서 수확하는 고생을 합니다. 이것이 자연의 이치입니다. 우리도 살면서 덤을 많이 만들어야겠습니다. 자신을 비우고 나눔으로서 세상을 밝게 하는 일을 많이 해야 되겠습니다.

연잎은 온 종일 광합성을 하는 것은 아닙니다. 광합성을 할 수 없을 때는 햇빛이 없는 밤이나 비오는 날입니다. 오늘처럼 가랑비가 오는 날엔 연잎은 장난기가 발동합니다. 누가 더 큰 물방울을 만드나 시합을 합니다. 연잎에 떨어진 물방울들을 모으고 모아 또르르 크게 키우다가 너무 커지면 자신을 기울여 큰 물방울을 데구루루 굴려서 쏟아 버리고 맙니다. 또는 비오는 날 수채화처럼 청개구리에게 무등도 태워줍니다. 정말 아름다운 광경입니다. 이런 유희를 하면서 자신의 잎자루를 튼실하게 만듭니다. 그렇다고 역기선수처럼 널따란 벨트를 허리에 메고 용을 쓰지는 않습니다. 연잎이 크면 물방울을 좀 크게 만들고 작으면 작게 모아 그 무게만큼만 지탱하는 힘을 기릅니다. 이런 놀이로 튼튼한 잎자루를 만들어 여름날 폭우나 태풍이 오는 날을 대비합니다.

산소가 거의 없는 진흙구덩이 속에서 구멍 뚫린 굵은 땅속줄기로 잘 적응하고, 흙탕물 위로 솟은 연잎에는 티끌하나 없습니다. 이것이 연이 가진 매력입니다. 자신을 잃지 않는 아름다움이고, 고결함이요 순결함입니다. 현명한 자기 찾기입니다. 이처럼 연잎이나 연꽃 위에 한 방울의 오물도 머무르지 않는다 하여 불여악구不與惡俱라고 합니다. 비가 오는 동안 연잎은 빗방울을 모아 또르르 말고 데구루루 굴리는 시합을 하면서 청결을 유지합니다. 실은 잎 표면에는 매니큐어 같은 큐티클층이 있고 다시 그 위에 분粉같은 왁스를 발라 놓아 어떤 오물도 묻지 않게 해 놓았습니다.

특히 불가에서 연꽃은 진흙탕에서 자라지만 진흙에 물들지 않는다하여 이제염오離諸染汚라고 합니다. 틱낫한 스님은 '진흙이 없다면 연꽃은 없다. 연꽃은 진흙으로 빚어지고 행복은 고통으로 만들어진다. 이해와 사랑이 없으면 행복할 수 없다'고 하셨습니다. 흙탕물 위로 솟은 연은 정결하기 그지없습니다. 진흙 속에서 피어난 연, 그에 물들지 않는 모습 얼마나 아름답습니까? 연꽃은 고통 속에서 피어나는 행복입니다. 그러므로 불가에서는 연꽃은 깨달음을 얻은 부처를 상징합니다. 나아가 연꽃은 빛과 극락정토極樂淨土를 암시해서 생명의 근원으로 인식하기도 합니다. 인간도 주변의 부조리와 이전투구의 환경에 물들지 않고 고고하게 살면서 아름답게 꽃피우는 사람을 연꽃같이 사는 사람이라고 칭송합니다.

하소 백련지의 백련은 만개했을 때 그 색이 곱기로 유명합니다. 인도와 이집트가 원산지인 백련은 7월과 9월 사이에 하얀 꽃을 피우는데 일시에 피지 않고 석 달 동안 계속해서 피고 집니다. 연방죽 한편에 놓인 무대에서 하얀 한복을 입은 무희들의 춤사위는 단아하고 정갈하고 청정함 그 자체입니다. 이런 춤사위를 따라 활짝 핀 백련을 보면 마음과 몸이 맑아지는 느낌입니다.

시인은 〈연꽃〉을 예찬하였습니다.

“연잎에 맺힌 이슬방울 또르르 또르르/ 세상 오욕에 물들지 않는 굳은 의지// 썩은 물 먹고서도 어쩜 저리 맑을까/ 길게 뻗은 꽃대궁에 부처님의 환한 미소// 혼탁한 세상 어두운 세상 불 밝힐 이/ 자비의 은은한 미소 연꽃 너 밖에 없어라”

이런 연유인지 일 년 내내 청정심을 가지려는 청운사 주지 스님은 밀짚모자를 쓴 채 연꽃방죽을 헤매며 백련을 따고 있습니다. 마치 청나라 ‘부생육기’에 나오는 ‘운’이라는 여인처럼 연꽃차를 만듭니다.

이 연차를 마시며 연꽃 정신을 새기는 순간이 정토일 것입니다. 나도 연차를 마시며 마음 챙겨 몸으로 번지는 에너지를 맛보고 싶습니다. 몸과 마음이 둘이 아니라는 것을 느끼고 싶습니다.

청운사를 떠나오는 순간에도 백련은 빗방울 모아 백련이 투영되는 여의주를 만들고 있었습니다.

# 굴거리나무의 겨울나기

올겨울은 유난히 춥다. 27년 만에 찾아온 혹한이다. 기후온난화 탓이라고 한다. 이런 날 춥다고 방에만 있으면 몸은 자꾸 움츠러든다. 마음도 우울해진다. 반대로 기지개를 켜고 밖으로 나가서 힘차게 움직이면 어깨는 펴지고 동장군은 달아난다.

얼마 전 함박눈을 맞으며 지인들과 함께 내장산을 찾았다. 길은 빙판이었다. 일행은 아이젠을 착용하고 산행을 시작했다. 단풍은 온데간데없고 앙상한 가지 위에 설화만 피어있었다. 감나무에 매달린 홍시가 흰 눈 속에서 더욱 붉게 빛났다. 감나무 주변에 사람들이 모여 있기에 웬일인가 싶어 다가가 보았다. 사진작가와 구경꾼들이 직박구리가 홍시를 쪼아대는 광경을 카메라에 담으려고 하늘을 쳐다보고 있었다. 나도 한참 동안 눈으로 홍시를 포식했다.

단풍나무 가로수길 안쪽에는 굴거리나무가 분포한다. 혹한기 내장산에 분포하는 굴거리나무의 시든 잎들은 마치 무청 시래기를 매달아 놓은 느낌이었다. 겨울철 무청 시래기는 국거리로 일품이다. 이렇듯 나뭇잎이 '국거리' 같다고 하여 붙여진 '국거리'나무. 국거리가 음운 변화하여 '굴거리'가 되고 뒤에 나무를 붙여 굴거리나무가 된 것 같다. 어떤 이들은 굿을 할 때 굴거리나무 가지를 이용하므로 '굿거리'나무에서 굴거리나무가 유래된 것으로 추정하기도 한다. 또한 여름철 굴거리나무의 잎은 어긋나지만 가지 끝에서는 동심원상으로 돌려난다. 그 모습이 만병초를 닮았다는 이유로 내장 지역 사람들은 '만병초'라고 부르기도 한다.

내장산 국립공원 지역에 분포하는 굴거리나무 군락지는 천연기념물 91호로 지정되어 보호받고 있다. 내장산 지역은 굴거리나무의 자생 북한지로서 씨앗이 떨어져 자연 발아하여 살아가는 최북단인 셈이다. 내장산 왼편의 금선계곡 경사면이 굴거리나무가 살 수 있는 북방한계선이다.

나무는 운명적으로 발아한 곳에서 평생을 살아야 한다. 춥든 덥든 눈이 오든 비가 오든 세상을 탓하지 않고 매년 나이테를 더하면서 그 모습 그대로 살아가야 한다. 이렇듯 나무들은 홀로 제자리에서 풍우성상을 견디며 치열한 생존 경쟁 속에서 살아간다.

일반적으로 단풍나무 같은 활엽수는 기온이 떨어지면 잎의 내용물을 가지나 줄기로 재흡수 시키고 낙엽을 떨어뜨려서 월동준비를 한다. 이때 생장을 멈춘 가지나 줄기에 단백질, 지방, 탄수화물 등을 축적해 빙점을 낮춤으로써 영하의 날씨를 견디게 한다. 굴거리나무 같은 상록수는 겨울에도 녹색 잎을 매달고 살아간다. 영하의 날씨에 녹색 잎은 여름철같이 물이 많으면 얼어버린다. 얼지 않기 위해 내장산의 굴거리나무는 겨울에는 광합성을 보류하고 녹색 잎에서 물을 탈수시키는 방법을 이용한다. 수분이 빠진 잎은 상대적으로 수액의 농도가 높아져서 빙점 온도를 낮추게 될 뿐만 아니라 가지에 붙은 잎들을 아래로 늘어뜨려서 칼바람의 영향을 감소시켜 혹독한 추위를 견디는 생존전략을 보여준다.

올겨울 맹추위에 굴거리나무는 더욱 시들고 쭈그러진 잎을 매달았지만, 여름날의 활력을 기대하면서 인고의 시간을 보내고 있다. 고진감래를 꿈꾸며 오늘도 추위와 맞서고 있다. 시래기 같은 잎들은 얼어 죽은 것이 아니다. 해동이 되는 날 저 시든 잎에 다시 생기가 돌아 힘차게 살아갈 것이다. 이것이 굴거리나무의 겨울나기다.

엄동설한에 우울증을 앓고 있는 자 있다면 내장산 눈밭에 가보면 좋겠다. 내장산의 기운을 느끼고 맛보면서 자신의 활력 에너지로 반전시키면 좋겠다. 하나 더, 그곳에서 굴거리나무의 시래기 같은 잎들을 관찰할 것을 권하고 싶다. 모진 환경에 맞서 어떻게 인고의 세월을 보내는지를 보았으면 한다. 굴거리나무들이 옹기종기 모여서 맹추위와 맞서 살아가는 모습을 보면 존재 이유를 찾을 수 있을 것이다.

우리 일행은 내장산 산행을 하면서 양 볼은 단풍처럼 물들이고 겨울 철새처럼 재잘대면서 활력의 비타민을 서로 나누었다. 눈으로 포식하고 입으로 행복을 전염시킨 하루였다.

하산하자마자 다음 산행이 기대되는 것은 왜일까?

# 갈등하는 식물들
## -덩굴식물과 덩굴손

2억 년 전에 최대로 번성했던 공룡은 사라졌지만, 몸집이 작은 이구아나 구렁이 뱀과 같은 파충류는 현재까지 지구상에 존재한다. 이런 파충류는 머리에서 꼬리 끝까지 작은 뼈마디로 구성되어 있고 다리가 없거나 아주, 짧은 다리를 가졌다. 전체적인 모양은 가늘고 긴 상태여서 서서 움직이거나 뛸 수 없다. 그렇지만 높은 나무나 바위 절벽도 오를 수 있는 특수한 비늘이나 짧은 발을 가지고 있다. 뱀 종류는 나무줄기를 몸으로 휘감아서 오르고, 이구아나는 몸을 줄기에 붙이고 작은 발로 잡고 기어오른다.

식물도 자기 스스로는 키 큰 나무로 자랄 수 없어도 다른 식물 줄기나 물체를 감싸고 하늘로 자라는 종류가 있다. 이런 종들을 덩굴식물이라고 한다. 원줄기가 곧지 못하고 꼬이는 성질이 있어 만경식물蔓莖植物이라고도 한다. 덩굴식물은 마치 뱀처럼 줄기로 다른 식물을 감싸거나 이구아나의 작은 손발 같은 덩굴손을 만들어 덩굴손으로 감싸면서 자라거나 자기 스스로 잘 움직이지 않는 곁가지, 가시, 뿌리나 털 등의 흡기를 만들어 다른 식물에 달라붙어 자란다.

별좋은 가을날 밤나무 위에 올라가서 똬리를 틀고 있는 뱀은 밤을 먹으려는 청설모나 다람쥐나 새를 노리는 먹이 사냥이지만, 덩굴식물의 더 높은 곳을 향한 여행은 광합성을 위한 햇빛 사냥이다. 가끔 커다란 소나무가 칡덩굴에 휩싸여 죽어 있는 것을 목격한다. 칡이 레슬링을 잘해서 목조르기로 한판승을 한 것이 아니다. 나무 꼭대기까지 오르게 됐을 때 햇빛을 혼자 차지하여 그 세력이 더욱 왕성해지고 반대로 지주목이었던 나무는 햇빛이 차단되어 더는 광합성을 할 수 없어 죽게 된다.

식물이 밀집된 곳에서 햇빛 경쟁은 일어난다. 잔디밭에서 자란 쑥은 1m 이하의 크기로 자라지만 대마밭에서 자란 쑥은 2m 이상 크기로 자란다. 둘 다 햇빛 경쟁을 하는 경제활동이다. 이처럼 식물 줄기는 빛을 향해 자라지만 뿌리는 중력에 대해 반응하여 땅속으로 파고드는 성질이 있다. 덩굴식물은 햇빛을 쫓을 뿐만 아니라 접촉에 대한 생장 반응으로 굴촉성屈觸性이 있다. 평지에서 자란 칡은 땅바닥을 기다가도 큰 버팀목을 만나면 휘감아 오르는 특기를 가졌다. 완두의 덩굴손도

철사 울타리를 휘감고 위로 올라가는 성질이 있다.

다른 식물을 감싸며 자라는 덩굴식물들은 줄기를 감는 방향이 정해져 있는데 칡이나 나팔꽃, 으름덩굴은 언제나 왼쪽으로, 반면 등나무, 인동, 환삼덩굴은 오른쪽으로 감싸며 자란다. 지지대가 되는 식물을 왼손으로 잡았을 때 덩굴식물이 엄지손가락과 같은 방향으로 감싸고 자라면 왼쪽감기식물이며, 오른손으로 잡았을 때 엄지손가락과 같은 방향이면 오른쪽감기식물이다. 더덕은 오른쪽이나 왼쪽 모두 감싸는 천방지축인 식물도 있다.

일이 까다롭게 뒤얽혀 풀기 어렵거나 서로 마음이 맞지 않을 때 '갈등葛藤이 생겼다'라고 말한다. 갈葛은 칡을, 등藤은 등나무를 일컫는다. 칡은 다른 식물을 왼쪽으로 꼬면서 자라고, 등나무는 오른쪽으로 꼬면서 감싸기 때문에, 큰 나무 밑에서 칡과 등나무가 동시에 자라면 서로 꼬여서 둘 다 더는 자라지 못하는 것이 바로 갈등이다.

갈등을 잘 표현한 플랜더스의 '어울리지 않는 결혼'이란 시가 있다. 플랜더스는 켄싱턴의 자연사 박물관을 방문했을 때 왼쪽 감기와 오른쪽 감기 식물들을 한데 모아놓은 전시회에 흥미를 느껴서 그때 감흥으로 지은 시라고 한다.

어울리지 않는 결혼

태양을 향해 시계 방향으로 감아 오르는
향기로운 인동덩굴,
인동덩굴은 모두 오른쪽 감기를 한다는데
반대로 어떤 것들은 왼쪽 감기를 고집하네.
그 이름은 메꽃, 또는 컨벌뷸런스라고 부르지.
〈중략〉
스스로 자신의 뿌리를 뽑아 들고 시들어 죽었네.
자유가 없었기에.
왼쪽으로 감을지 오른쪽으로 감을지!

덩굴식물은 종마다 특정 방향으로만 휘감는 특성과 법칙을 가지고 있음을 알아야겠다. 시곗바늘이 오른쪽으로 돌아가게 된 이유는 지구의 북반구에서 해시계의 그림자가 오른쪽으로 돌아갔기 때문이라고 한다. 만약 최초의 시계가 적도 아래 남반구에서 발명되었다면 시곗바늘은 왼쪽으로 돌아가게 되었을 것이다. 오른쪽 감기를 하는 인동이나 등나무는 북반구 원산 종이고, 왼쪽 감기 하는 칡이나 메꽃 종류는 남반구 원산의 식물인지 눈여겨볼 일이다.

여야 정치권은 선거할 때만 되면 당명을 바꾸고 쇄신을 운운하지만, 태생적인 한계를 벗지 못하고 있는 거 같다. 국회만 열리면 의사봉을 가지고 씨름하고 있으니 이것이 갈등 아니고 무엇이겠는가? 국회선진화법이 통과된 뒤에도 몸싸움이 있었다. 국가 발전을 위한 정쟁은 해야 하겠지만, 제발 맹목적인 반목과 갈등은 사라져야 한다. 이제 갈등葛藤은 칡과 등나무같이 서로 다른 종들 사이에서 빚어지는 현상임을 알아야겠다. 고유의 이념과 색을 가진 정당으로 좌든 우든 중도이든 우리는 배달민족이다. 국가의 안위와 번영을 위해 갈등요소는 조정하고 봉합하여 상생相生하는 화합의 정치를 하기 바란다.

가장이란

과훈

1,435㎜의 기적

한라산

아호 이야기

호미

사이

무등산은 하늘이어라

매난시사

발바닥 지문

내 고향

# 가장이란

영화 〈국제시장〉을 보았다. 평범한 가장家長으로 살면서 위대한 전설이 된 영화. 흥남 부두에서 부산으로 피난 온 '윤덕수'의 이야기다. 덕수는 가족들의 생계를 위해 독일 파견 광부로, 월남 전쟁터에 재건 역군으로 다녀왔다. 아버지와의 상봉을 기대하면서 '꽃분이네' 간판을 끝까지 지켜냈다. 삶의 치열성을 보면서 눈시울을 붉혔다. 가난했던 시절에 대한 동질감이 가슴을 후볐다.

지난가을 친구 장모의 문상 때였다. 함께 갔던 친구 K가 말없이 사라졌다. 예전과는 다른 모습이었다. 모임마다 늘 앞장섰던 친구였다. 의리의 돌쇠였다. 얼마 후 한 친구로부터 전화가 왔다.

"K의 몸에 이상이 생겼데. 암 수술을 했다네. 시간이 얼마

남지 않았다네.”

청천벽력青天霹靂 같은 소식이었다.

“왜 말없이 사라졌느냐?”

전화로 채근했던 게 마음에 걸렸다.

K는 나보다 늦게 결혼하여 아이 셋을 두었고, 장자가 아니면서 장자 역할을 했다. 사무직으로 출세 가도를 달리다가 명예퇴직을 했다. 이제 쉬면서 편안하게 살고 있는데 이런 형벌이라니! ‘하늘은 스스로 돕는 자를 돕는다.’라고 하였는데 정반대이니 분이 치밀었다. 가슴이 아팠다. 병문안으로 K를 만났다. 어떤 위로도 어떤 말도 잇지 못했다. 말문이 막혀 얼굴만 바라보았다. 동태만 살폈다. 나오면서 토막말만 남겼다.

“잘 살아라!”

나는 30년째 가장이다. K나 덕수 같지는 않지만, 가장의 삶은 만만치 않다. 가장은 힘겹다. 어깨가 무겁다. 책임감이 앞선다. 가장은 형제로, 남편으로, 아비로, 직장인으로 1인 4역이다. 다행스럽게 형제가 청복淸福을 누리고 있어 나를 도와주는 거라고 믿고 살고 있다. ‘남존여비男存女脾, 남편의 존재 이유는 아내의 비위 맞추기다.’ 또한 ‘자식은 마음대로 안 된다.’를 인정하는 일은 쉽지 않다. 매년 시행하는 업적평가도 통과해야 한다. 나 아닌 가족을 위해 치열하게 사는 게 가장이다. 아버지란 단어를 생각하면 가슴이 뭉클해진다.

가장이란 가족을 위해 아파도 안 되고, 아플 수도 없고 아프다고 내색도 못 하는 신세요, 가슴에 멍이 들어도 가족의 생계를 위해 신발 끈을 동여매는 처지다.

직장에서 숨죽이며 발바닥에 땀이 나도록 뛰어다녔을 K. 이제 자기 생을 즐기려는데 '선고宣告'라니! 하늘도 무심타. 가슴이 먹먹하다. 하늘을 향해 외쳐본다.

"하느님 너무합니다!"

오늘따라 흥남 부두에서 어린 덕수에게 전한 아버지의 절규가 귓전에 맴돈다.

"아버지가 없으면 네가 가장이다."

# 과훈科訓

공부가 즐거운가. 공부가 재미있는가. 고교 졸업생 중 90% 이상이 대학에 진학을 한다. 학문이 즐거워서일까. 대학이 성공을 보장해서일까. 아님 부모님들의 대리만족을 위한 자식들의 희생인가. 답은 제각각일 테다. 20세기 말부터 위대한 대한민국의 역설은 20대가 모두 대학생이거나 대학생이었다는 것이다.

1990년 봄에 대학교수가 되었다. 학생회실에는 한자로 적은 과훈이 걸려 있었다.

"과훈科訓// 노력努力/ 유락有樂"

가훈家訓은 어른들이 자손에게 윤리나 도덕적인 덕목을 잘 지키며 살라는 가르침이라면, 과훈은 소속감을 가진 학과 학생들의 지향점이고 행동강령이며 스스로 나아갈 목표다.

'노력.' 노력한다는 것은 당연하지 않은가. 학생들이 체력을 연마할 뿐만 아니라 모름지기 공부를 열심히 하자는 결의를 하나로 뭉뚱그리면 노력이다. 맞는 말이다. 대학생은 전문 지식을 갖출 뿐만 아니라 완성된 인격체가 되도록 많은 교양서적을 읽고 원만한 인간관계를 위해 노력해야 한다. 노력에는 성과가 있게 마련이고 노력은 배반하지 않는 법이다. 낙숫물이 댓돌을 깨트리듯 어떤 일에 노력으로 전념하면 무엇이든 이룰 수 있는 법이다.

'유락.' 즐거움이 있다는 뜻이다. 그때 유락은 엉뚱한 단어로 여겼다. 솔직히 인정하기 싫었다. 학생들은 학업보다 축구를 더 좋아했다. 잘못 보았을 수도 있겠으나 말 그대로 열심히 놀았다고나 할까. 여기서 '놀다'와 유락은 차이가 있다. 놀이는 신체 활동을 하며 즐기거나 쉰다는 개념이고 유락, 즐거움은 성취를 통해 몸과 마음이 소소한 기쁨으로 충만한 상태를 말한다. 어떻든 중년이 된 제자들이 사회에서 각각의 몫을 하고 있는 걸 보면 대견하고 뿌듯한 마음이 든다.

지천명知天命이 되어서 '유락'이란 단어에 무릎을 쳤다. 참 잘 만들었다. 노력 뒤에 유락, 멋지지 않은가? 무엇이든 이루면 기분 좋고 뿌듯하고 즐겁다. 즐거움은 행복의 터전이다. 노력하여 터득한 문리文理는 성취감과 즐거움이 따른다. 바로 학문의 내면에는 즐거움이 있다. 공자는 인생삼락 중 으뜸에 배움學을 두었다. 배워서 아는 것만으로 그치지 않고 '아는 것보다 좋아하는 것이 낫고 좋아하는 것보다 즐기는 것이 낫다.'고 하였다. 최고의 선은 무엇을 '안다'나 '좋아 한다'가 아니라 '즐기는 것' 바로 유락이다.

어떤 정치가는 '저녁이 있는 삶'을 돌려드리겠다고 말했다. 중산층 유권자들의 반향은 컸다. 왜일까? 4 · 50십대는 일중독에 걸려 있다. 근로기준법에 정해진 시간보다 훨씬 많은 시간 일을 한다. 우리나라는 '일하는 시간 세계 2위, 평균 노는 시간 세계 3위, 잠 없는 나라'로 통한다. 일중독자들은 노는 시간도 일의 연장선상이라고 해야 맞을 것이다. 인간은 빵만으로 살 수 없듯이 일만 하고 살 수는 없다. 일을 한 뒤에는 휴식이라는 자기 주도적인 여가시간이 필요하다. 요즘 젊은이들은 쉬는 즐거움이 없는 일터를 선호하지 않는다. 저녁이 있는 삶은 바로 가족과 함께하거나 여가를 즐기는 유락을 뜻한다고나 할까.

잘 사는 인생이란 무엇인가. 돈이 많다고, 고위직이라고, 권력이 있다고, 이것들이 모두 정답이라고 생각하지는 않는다.

비전을 가진 젊은이들이여. 당신이 진정 좋아하는 일을 선택하라. 좋아하는 일에 '혼'을 불어넣는 간절한 마음으로 매진해라. 하나 덧댄다면 즐거움, 바로 유락의 삶을 살라고 당부하고 싶다.

일중독자들이여. '열심히 일한 당신 편히 쉬십시오.' 시경의 〈당풍 편〉에 「귀뚜라미」 이야기다. "귀뚜라미 집에 드니, 이 해도 저무는구나." 열심히 일하여 풍성한 수확을 한 이들이여

즐겨라. 즐기되 가정이나 밖의 일뿐만 아니라 걱정거리도 생각하며 지나치지 않게 편히 즐기라고 하였다. 바로 휴휴休休한 유락, 지나치지 않게 편안히 즐기라고 말하였다.

유락은 혼자뿐만 아니라 둘이나 여럿이 공감하는 유대紐帶가 있어야 더욱 좋다.

환갑이 되면서 유락이란 단어에 다시 방점傍點을 찍어 본다.

# 1,435㎜의 기적

2019년 2월 27일. 북미 정상 하노이회담이 열렸다. 회담이 결렬된 사실만큼 두 정상이 회담장에 오가는 여정이 빅뉴스였다. 트럼프 대통령은 전용기를 이용하였으나 김정은 위원장은 이틀에 걸쳐 기차를 타고 이동했기 때문이다. 북한과 중국은 우리와 같은 표준궤도 1,435mm를 사용하는 반면 베트남은 1,000mm 협궤를 이용하고 있어 더욱 화제가 되었다. 세계가 일일생활권이 되려면 궤도통일이 절실히 필요할 것이다.

초등학교 3학년 때 정읍역에서 기차를 처음 탔다. 어머니와 함께 탄 서울행 완행열차는 초만원이었다. 의자에 앉아있는 사람보다 서 있는 사람이 더 많았다. 바닥에 주저앉거나 의자 사이에 누워있는 사람과 문에 매달린 사람까지 있었다.

"철마는 달리고 싶다." 더는 달릴 수 없는 철길 옆 간판 글귀다. 학도호국단 간부 일원으로 전방부대 견학 가다 파주 근교에서 보았다. 철마鐵馬. 기차를 말에 비유한 말이다. 기차와 마차 무슨 관계일까? 말 한 마리가 끄는 힘이 1마력이다. 수레는 말의 수에 따라 마차, 쌍두마차, 사두마차로 부른다. 19세기 영국은 산업 혁명을 일으켰고 증기기관차를 이용하게 되었다. 1825년 9월 27일. 세계 최초 증기기관차는 50마력의 힘으로 스톡턴 탄전해안에서 달링턴까지 12.9km의 마찻길 위를 달렸다.

표준궤도 폭에 대한 설은 분분하다. 로마 시대 쌍두마차 바퀴 폭이 1,435mm라는 설이다. 실제 바티칸 박물관에 있는 로마 시대 마차 바퀴 간격은 이보다 크다고 한다. 다른 하나는 스티븐슨의 지팡이 길이에서 유래했다고 한다. 건설 인부들이 스티븐슨에게 레일의 간격을 어떻게 하면 좋을지를 묻자. 스티븐슨은 자신의 지팡이를 땅에 던지며 "이것을 기준으로 하라"고 했다고 한다. 처음에는 궤도 표준안이 없어 철길마다 궤도 폭이 제각각이었다. 조지 스티븐슨이 처음에는 1,422mm 궤도가 적절하다고 하였다가 1845년에 1,435mm로 수정하여 통일시켰다. 이것이 스티븐슨 궤도다. 그 후 영국 전역에 깔린 표준궤도 철도망은 물류 이동을 쉽게 하여 비약적인 경제 발전을 견인했다. 당시 미국의 철도 길이는 4,000마일에 이르렀고 20여 개의 궤도 폭이 사용되었다. 다양한 궤도 폭은 1860년 남북전쟁 중 군수물자 수송을 어렵게 했다. 궤도 폭이 달라질

때마다 화물을 옮겨 싣는 일은 전쟁의 걸림돌이 되었다. 전쟁을 끝낸 정부는 표준궤도 건설 법을 통과시켰다. 북아메리카 전역에 1,435mm로 일원화된 철도망을 구축했다. 이는 훗날 미연방연합국가가 탄생하는 원동력이 되었다고 한다.

아이러니하게 우주왕복선 크기도 열차 폭에 맞게 설계되었다. 유타에서 만든 발사체를 발사대까지 옮기는 수단으로 철도를 선택했기 때문이다. 특히 터널을 통과할 수 있도록 원통형 발사체 직경을 쌍두마차 폭에 맞춘 것이다. 최첨단기술이 축적된 우주왕복선이 늘씬 날씬하게 된 배경은 철도에 근거하고 있다.

1,435mm의 기적은 계속되고 있다. KTX와 같은 고속열차를 뛰어넘어 하이퍼루프 진공 자기부상열차로 이어질 전망이다. 하이퍼루프 진공 자기부상열차는 시속 3,000Km 속도로 내달려 서울과 부산을 한 시간이면 왕복할 수 있다. 세계가 일일생활권이 된다. 완벽한 가상현실에 아바타를 세계 곳곳에 보내 1인 기업으로 먹고살 수 있는 자영업자들이 보편화될 거로 추정하고 있다.

서울행 완행열차의 고단함과는 달리 목포행 특급열차 식당칸에서 돈가스, 포크와 나이프는 내게 큰 충격이었듯이 광주송정역에서 하이퍼루프 진공 자기부상열차를 타고 소리의 속도보다 2.4배 빨리 내달리는 것은 놀라운 선물일 거다. 아침에 실크로드를 이용하여 중국 시안에 가서 점심을 먹고, 오후에는 우즈베키스탄을 거쳐 터키 이스탄불로 이동한다. 동업자와 저녁 식사를 하고 숯불에 끓인 커피를 마시며 비즈니스를 한다. 심야에 하이퍼루프 열차로 귀가할 수 있다는 생각만으로도 흥분된다.

코로나19로 인한 언택트 시대, 인터넷으로 주문한 싱싱한 이란 산 석류를 당일 아침에 배송 받아 아내에게 주고 싶다.

# 한라산

한라산을 바라본다. 제주공항에서 바라본 한라산은 빌딩 뒤에 놓인 후원 같은 느낌이다. 제주목사 이원조가 망경루에서 한라산을 보면서 말한 '책상 사이에 놓인 높지 않고 험준해 보이지 않는 산'처럼 보인다. 낮은 것 같지만 가까이 가면 갈수록 크고 높은 산, 남한 제1봉이다.

한라산은 보면 볼수록 신비로운 산이다. 먼 옛날 대륙붕이었던 곳에 아시아판과 태평양판이 충돌하였다. 그 웅혼한 힘은 화산폭발로 이어졌다. 신생대 3기말 240만 년 전쯤부터 최소 5번의 폭발이 일어났고, 그때마다 분화구에서 동서남북으로 마그마가 넘쳐흘러 천혜의 아름다운 제주도를 만들었다. 동시에 여기저기에서 비온 뒤 죽순 나오듯 작은 폭발이 이어졌다. 바로 제주도는 한라산 백록담을 정점으로 368개의 오름이

어우러진 화산박물관이 되었다.

한라산 첫 등정은 1994년 9월에 이루었다. 제자들과 함께 영실에서 시작한 한라산 산행은 끝없는 길에 수많은 인파로 붐볐다. 마지막 고비에서 숨을 몰아쉬며 바스러지는 현무암을 즈려밟고 오르니 한라산 꼭대기였다. 가이드가 "한번 구경 오십시오."라고 말한 '1,950m' 정상이었다. 분화구 안쪽에 푸른구상나무, 고채목, 시로미와 물이 고인 분화구는 어머니의 품같이 포근하게 느껴졌다. 감회가 새로웠다. 가슴이 뭉클했다. 뜨거움이 치밀어 올랐다. 눈시울을 붉혔다. 여기가 민족의 영산이로구나. 전설을 품은 백록담을 바라보면서 양팔 벌려 구슬땀을 식혔다. 바람 따라 올라온 흰구름은 백록담에 반영되어 경이로웠고 한라산 아래 구름은 오름과 노닐고 있었다. 신선이 된 느낌이었다. 나를 압도한 한라산은 장엄했다.

한라산을 감상하기 좋은 장소는 서귀포다. 여명엔 황금빛 엘도라도이다가 해가 뜨면 이내 방랑시인 김삿갓 모습이다. 멀리서 보면 검은 도포자락 휘날리지만 가까이 가서 보면 꽃무늬 옷을 입었다. 끝단은 노란 유채꽃으로 물들이고 바다를 품은 동백꽃으로 수를 놓았다. 산굼부리 억새밭은 하얀 치맛자락 휘날리고 사려니 숲길에는 상록 잎에 햇살이 부서져서 반짝이는 은하수가 쏟아져 내린다. 진달래대피소에서 바라보면 붉은 꽃으로 장식한 비치모자 쓰고 옷고름 입에 물은 여인 같고 그 끝자락에 서면 말총으로 빚은 갓을 쓴 근엄한 선비의 모습이다. 한라산은 언제나 그 자리에 있지만 변화무쌍한 천의 얼굴을 하고 있다. 이래서 한라산은 지리산 금강산과 함께 삼신산三神山이라 부른다.

한라산은 아직도 타는 목마름인지 푸른 바다의 흰 파도를 해무로 만들어 백록담으로 퍼 나르고, 뒤좇아 온 바람은 그 파도를 하늘로 흩뿌린다. 그렇게 뿌려진 운한雲漢이 은하수다. 한라산漢拏山의 한漢은 은하수요, 라拏는 잡아당긴다는 의미다. 그토록 높고 높은 한라산 꼭대기에 오르면 은하수가 손에 닿는다는 거다.

가끔 집에서 제주도를 완상玩賞한다. 제주도 수석 한 점과 그림 두 점이 그것이다. 수석은 신곡문학상을 탔던 해에 S교수께서 보내준 것으로 세 봉우리가 있어 산 같고 파도 같기도 한 작은 돌이다. 이글거렸던 마그마가 바다로 흘러내린 화산석이다. 유화는 흰구름과 진달래꽃이 어우러진 한라산 진달래 동산이고, 담채화는 산악인이자 화가인 안홍찬 선생께서 연필로 그리고 자작시를 새긴 한라산이다.

"홀연히 높이 솟은 한라산/ 둘레는 모두가 바다일세/ 눈이 깊게 쌓여 있고 안개 걷히면/ 높은 봉우리 하늘 아래 닿을 듯/ 옛날에는 신선이 사슴을 벗하며 놀던 곳."

먼 기억을 더듬어 본다. 하늘로 솟은 한라산은 밤이면 은하수를 잡아당겨, 한라에서 백두까지 펼쳐 놓는다. 나는 그 은하수를 똑똑히 보았다. 어린 시절 멍석을 깔고 수제비를 먹었던 시골집 마당에서의 은하수 별밤을.

방장산 능선따라 쏟아져 내리는 그 은하수를.

# 아호 이야기

전원생활을 꿈꾸었다. 아내와 나는 우리의 오래된 미래를 꿈꿀 수 있는 곳을 하나 찾았다. 심원면 하전리 00-1. 바닷가에 위치한 땅이다. 추석 전날 움막에서 모닥불을 피우고 콩대를 베다가 구워 먹었다. 별밤에 콩을 구워 먹고 있자니 동심의 세계가 따로 없었다. 아이들 이야기를 하다가 화제를 돌렸다.

"우리도 호를 하나씩 가지면 어떨까? 여보, 당신만 부르지 말고. 옛 선비들처럼 호를 부르면 멋지지 않을까?"

아내가 맞장구를 쳤다.

"그거 좋은 생각인데."

돌이켜 보면 내 아호는 여럿이다. 별명 같은 아호다. 별명은 생김새나 버릇, 성격 따위의 특징을 가지고 남들이 지어 부르는 이름이고 호는 본명이나 자 외에 허물없이 부르기 위해 만들어 쓰는 이름을 말한다.

초등학교 때 나는 '쌩 영감'으로 통했다. 어른들이 이야기하는 틈새에 끼어 다 알아듣는 것처럼 배시시 웃고 있으니 어른들이 지어준 이름이다. 영감은 늙은이나 지체 높은 양반을 뜻한다. 나이가 어리니 영감 앞에 '생'자를 붙여 '쌩 영감'하고 불렀다. 강짜를 부리면 밖으로 나가라고 할 것 같아 가만히 웃고만 있었는데 왠지 그 말이 그다지 싫지는 않았다.

대학시절 졸업여행을 갔다. 친구 SK가 떡을 한 상자 가져왔다. 여행 첫 날 떡을 좀 먹었다. 그날 밤 친구가 고도리를 하면 '뽕~'. 내가 점수를 내면 '뽕~'. 쓰리고를 당하면 '뽕~뽕~'. 피박을 씌우면 '뽕~뽕~뽕~'. 참 많이도 방귀를 뀌었다. 친구들은 이구동성으로 "떡포"라고 불렀다. 떡을 먹더니 포를 쏜다는 말이다. 나는 "떡포가 뭐냐. 좀 부드럽게 불러라. 술을 먹고 옆으로 걸으면서 앞길을 막아도 '횡포'가 아니라 '횡보'이지 않더냐? 떡포가 아니라 덕보德步가 좋겠다."고 제안을 했다. 떡을 먹고 포를 쏘아댄다는 직설적인 이름보다, 친구들이 심심하지 않게 떡을 먹고 방귀로 추임새를 넣어주는 행위자가 아니더냐. 그러니 이제부터 "나는 덕보다."라고 선언했다. 풀이를 하면 덕을 행하고 베푸는 걸음걸이다.

새로 부임한 학교에서 연구실과 컴퓨터를 주었다. 학교 메일을 사용하려면 아이디(ID)가 필요했다. 망설이다가 임동옥(Dong-Ok Lim)의 영문 이름, 동에서 디(D)를, 옥에서 오(O)를 그리고 성씨 임(Lim)을 합성했다. 바로 도림(dolim)이다. 이때부터 dolim5431이 내 아이디가 되었다. 도림道林은 도道가 숲을 이룬다는 의미다. 아직 도통과는 거리가 멀지만 그때부터 도가 숲을 이루도록 더욱더 긍정마인드를 갖고 전공뿐만 아니라 가끔 인문학 산책도 하고 있다. 도림은 나의 아이디요 아호가 되었다.

하루는 아내가 안중선의 '천기누설'을 가져왔다. 사는 게 다 그렇듯이 '과거는 아쉽고, 현재는 고통이고, 미래는 잡히지 않는 게' 인생이라고 하지 않던가. 나라고 예외는 아니다. 어느 부분에 나의 속 시원한 누설이 있는가하여 눈여겨보았다. 생년월시에서 나에게는 물이 부족하니 아호를 물수水변이 있고 'ㅍ' 으로 시작하는 단어가 좋겠다고 했다. 몇 번 궁리하다가 찾은 것이 '패연沛然'이다. 의미는 소나기다. 소나기는 마른하늘에 단비를 내려 대지를 적시는 생명수다. 힘차고 세찬 빗줄기다. 소나기가 지나가면 날이 쾌청하여 마음이 청량하기 그지없다. 퍼부을 땐 다 쏟아 부어도 곧바로 햇빛이 나므로 뒤끝이 없는 개운한 비가 소나기다. 짓을 때는 쏟아 부어도 뒤꿍꿍이가 없는 성격과도 통한다 싶었다. 그러니 내 호는 '패연'이다. 꿈보다 해몽일지라도 호가 맘에 든다. 패연, 그럴듯하지 않은가. 스스로 멋지다고 자평한다. 혼자 소소하게 즐기다가 얼마 전 동료들과 담소하는 자리에서 '패연'이 나의 호라고 말하였다. 다들 어떤 의미냐며 의외라는 반응이었다. 좀처럼 듣지 못한 생경스런 단어에 그런 의미가 있냐면서 표정은 내 호기號旗를 부러워하는 눈치였다.

콩 굽는 냄새가 진동할 때 아내에게 내 호는 "쌩 영감, 덕보, 도림, 패연 등 여럿이네. 당신은 선생님, 장학관, 교장도 좋지만 적당한 호가 하나 있으면 좋겠네. 여기가 심원면 하전리이니 '심원'이나 '하전'으로 하면 어떻겠는가?" 하고 물었다.

"심원과 하전은 어떤 뜻일까?"

"심원면의 심원心元은 면의 지형이 마음심과 으뜸원이란 글자 형상에서 유래하였고 뜻은 마음의 으뜸이지. 또 심원深遠은 심오하고 깊다는 뜻이고, 심원心願은 마음으로 바란다는 의미이며, 심원心園은 마음의 동산이라네. 다시 말하면 심원心元은 심오한 마음으로 바라는 마음의 동산으로 해석할 수 있지. 그리고 하전下田은 질이 좋지 않은 자갈밭이지. 그러니 당신 호를 하전도 좋지만 심원心元이 더 좋겠네."

아내는 심원, 심원하더니 괜찮다며 흡족해 했다. 우리는 별밤에 콩을 구워 먹으면서 지란지교芝蘭之交를 꿈꾸는 시간을 보냈다.

"어이, 심원."

"왜, 패연."

서로 맞받았다. 모닥불이 사그라질 때까지 호를 부르면서 이야기꽃을 피웠다. 경박하지 않고 서로 믿고 존경하는 마음이 생기는 것 같았다. 격조가 있어 좋았다.

심원과 패연을 에워싼 은하수 별밤은 더욱더 깊어만 갔다.

# 호미

'Korean Ho-Mi.'

"다양한 용도로 쓰이는 이 도구로 당신의 정원을 쉽게 꾸미세요. 땅을 파서 골을 내고 흙을 평평하게 고르고, 잡초를 제거할 때 쓸 수 있습니다. 동양에서 사용하는 이 특이한 도구는 삽이자 모종삽이고 제초기이며 또 수확하는 도구입니다."

'아마존' 농기구 코너에 있는 '한국산 호미'에 관한 광고다. 꽤 인기상품이라고 한다.

어린 시절 마루 밑에는 어머니와 할머니의 호미가 나란히 놓여 있었다. 외양간 옆에 삽과 괭이와 함께 논을 매는 커다란 남성용 논 호미도 걸려있었다. 지금은 제초제 사용으로 논 호미는 사라졌고 밭을 매는 호미만 남아있다. 대학원 다닐 때 노화도 철물점에서 폭이 좁고 길게 뾰쪽한 호미를 처음 보았다. 식물 채집에 안성맞춤이라고 생각하여 호미 한 자루를 샀다. 전에 사용한 모종삽은 모양은 멋진데 식물채집을 하다가 목이 휘거나 부러지는 경우가 많았다. 이 날씬한 호미는 삼십여 년을 나와 동행하면서 목 부러지는 일 없이 온전하게 표본을 채취해 주었다.

호미는 대장간에서 쇳물을 녹여 만든다. 대장장이는 쇠를 달구어 망치로 수없이 두드려서 펴고 또 달구어 삼각형으로 모양을 낸 핸드메이드이지만 그 모양이 한결같다. 대장장이는 설계도면도 없이 호미를 인체공학적으로 만든다. 호미는 세 부분으로 되어 있다. 땅을 파는 직삼각형인 날과 그 삼각형한 끝점에서 휘어 꼬부라진 가냘픈 목과 그 끝에 둥근 나무토막을 박아놓은 손잡이로 되어 있다. 날을 땅에 꽂으면 목과 자루는 약간 구부정하여 할머니 등처럼 휘어있다. 그 길이는 약 30cm 정도이고 무게는 300g정도이다. 참 잘 만들었다. 호미와 비슷한 괭이는 기다란 날과 짧은 자라목에 긴 나무자루를 끼워 놓았다. 괭이는 흙을 깊이 팔 수 있으나 땅속의 돌을 찍으면 충격이 온몸으로 전해지기도 한다. 반면 호미 날은 얇고 가볍지만 자갈밭에서도 부러지거나 휘어지지 않고 밭을 맬 수 있다. 날이 낫처럼 너비에 비해 길이가 길며 그 끝이 날카로워 자갈밭을 매는데 안성맞춤이다. 한 손으로 쓰기 편리한 도구다. 호미 목은 비틀어 휘어져 있어 밭 맬 때 충격이 손이나 어깨에 전달되지 않는 구조다. 모든 충격은 호리낭창한 호미

목에서 모두 흡수하는 구조다. 전체 길이가 짧아서 한손으로 작물을 잡고 잡풀을 제거하거나 밭을 맬 수 있어 작물이 다치지 않아서 좋다. 모종(某種)이 밴 곳에서 성긴 곳으로 옮겨 심을 수 있는 도구도 호미다.

호미는 안압지에서 출토된 걸로 보아 통일신라시대 때부터 이용되었고 고려시대의 호미는 오늘날의 호미와 똑같은 모양이어서 아주 오래전부터 사용한 우리의 전통 농기구다. 시인은 '모가지가 길어서 슬픈 짐승'을 사슴이라고 하였듯이 어머니는 모가지가 가날파서 사랑스런 호미라고 하였는지 모른다. 슬픈 전설 같은 어머니의 호미는 연명의 호미요 풍요를 불러준 호미였다. 호미로 고추밭이나 콩밭의 잡풀을 매거나 들깨모종을 옮겨 심기도 하고 고구마나 감자를 캐기도 했다. 텃밭을 매러가는 어머니의 광주리에는 언제나 호미가 들어있었다. 살면서 몇 자루의 호미를 사용하였을 테지만 어머니의 허리에는 파스를 붙여 드린 기억은 있어도 손목에 파스를 붙여드리진 않았다. 비틀어 꼬부라진 호미 목의 탄력 덕분이었던지 어머니의 팔목은 아프지 않고, 평생을 호미로 밭이랑을 타고 넘으셨던 것이다. 황규관은 '호미'라는 시에 '인간은 모두 호미의 자식들이다. 풀을 매고 흙덩이를 쪼개고 뿌리에 바람의 길을 내주는 호미는 인간이 만든 가장 위대한 발명품이다'라고 하였다. 맞다. 기계화된 시대에도 여전히 호미는 건재하니까.

현대인들은 불치병에 걸리면 많은 이들이 산속으로 스며들

곤 한다. 바로 '자연인'이 된다는 의미다. 그들은 날마다 홀로 산을 헤집고 다니면서 먹을거리를 찾아야 하고 움막 곁에 텃밭을 일구며 호미로 김을 매며 살아간다. 이렇게 자연인은 호미를 통해 자연과 공감하고 생명의 신비를 일깨우면서 행복한 마음 부자로 살아간다. 손수 일군 무공해 먹거리를 먹음으로서 병든 몸은 회복탄력성을 되찾아 건강하게 된다. 산중 생활에서 호미는 흙과 나를 연결해주는 가교다. 자연과 소통하고 교감하는 도구가 된다.

어머니의 호미는 작물을 키웠고 나의 호미는 식물채집을 해준 명기다. 완성된 표본의 종을 동정하면서 풀 한포기도 지구촌의 한 구성원이라는 생명존중 사상을 갖게 되었다. 인간이 신의 대리인으로서 자연을 지배하는 게 아니라 자연의 일환으로 살아가야 한다는 자연조화문화의 철학을 마음에 새겨준 것도 호미다.

아무렇지 않게 바라보았던 그 호미가 아마존 농기구 코너의 인기상품이란 사실이 새삼 반가운 이유가 그 때문은 아니었을지.

# 사이

사이는 서로 사귀는 정분을 뜻한다. 정분은 정이 넘치는 따뜻한 마음이요, 시간과 공간과 관계를 섞어 다지고 볶아야만 나오는 친밀감이다.

사이는 시간의 산물이다. 시간은 움직인다. 사이는 '동안'이고 '틈'이고 '새'다. 둥근 원을 12 등분한 사이를 돌고 도는 게 시곗바늘이다. 바늘과 바늘 사이가 만드는 게 시간이다. 바늘은 부지런히 움직여서 과거를 지우고 미래로 다가가지만 항상 현재를 가리킨다. 시계의 시침과 분침은 우리를 지켜보고 있다. 어떻게 살아가는지, 시간 관리는 잘하는지 못하는지. 시간 사이는 자유로워서 과거, 현재, 미래 중 하나이기도 하고 모두를 아우르기도 한다. 사이는 유기체 같이 하나로 포개면 점

같은 순간이다가 이 점들을 잇고 이으면 무한대인 억겁이 된다. 시간의 순간과 순간을 모을 때, 개인에게는 생의 자존自尊이 되고 나라는 역사歷史가 된다.

사이는 간격의 산물이다. 한 곳에서 다른 곳까지의 거리이고, 물체와 물체 사이의 공간이다.

"당신과 나 사이에 저 바다가 없었다면 쓰라린 이별은 없었을 것을."

둘 사이에 바다가 놓이면 쓰라리고, 강물이 가로막으면 안타깝고, 찻잔 사이에는 밀어密語가 쏟아지는가. 적절한 간격이 유지될 때 서로 사귀는 사이인 터수가 된다. 멋진 간격은 사랑하는 마음을 키운다. 사랑하거든 서로 간격이 너무 커져서 몸과 마음이 멀어지지 않게 해야 한다. 적당한 간격이 나무와 나무를 잘 자라게 하듯 사람과 사람 사이도 마찬가지다.

사이는 관계의 산물이다. 서로의 관계는 사랑과 생명을 낳는다. 생명은 하늘에서 '툭!'하고 떨어지는 것이 아니다. 나도 사이의 산물이다. 아버지와 어머니의 사이에서 태어났다. 다시 말하면 사이를 뚫고 들어간 유전자가 짝을 만나 형질 발현을 하여 틈을 비집고 나온 게 바로 나이고 인간이다. 또한 부부는 일심동체라고 하지만 제아무리 사이가 좋아도 둘의 몸은 떨어져 있다. 둘 사이에 틈이 있다는 말이다. 말과 생각과 행동도 차이가 있다. 이렇듯 부부는 서로 간격이 있으면서 맞닿아 있고, 맞닿아 있으면서도 독립된 개체로 존재한다. 부부는 사랑하는 자유를 얻은 사이다. 금슬 좋기로 소문난 부부도 사랑은 조심스럽게 다루어야 한다. 강상중은 〈고민하는 힘〉에서 "사랑하는 자유를 얻게 되면 사랑으로부터 점점 멀어지는 마법이 그곳에 존재한다."고 하였다. 사랑의 자유는 묘하여 긴장감에서 벗어나려는 에너지가 흐른다. 자유로울수록 사람들은 긴장이 풀려 방향감각을 잃어서 곤란함을 동반하기도 한다. 이런 것을 '자유의 역설'이라고 한다.

가족이든 친구든 조직이든 서로서로는 '모모'처럼 시간의 원천을 경험하는 사이를 잘 가꾸어야 한다. 존재자는 상대의 언행에 경청과 삼고를 한 후 말을 해야 한다. 이럴 때 서로는 아름다운 말로 엇나가지 않고 사랑스런 눈빛으로 유대의 끈이 견고해지며 친밀감으로 환희에 찬 믿음을 얻게 된다.

자유의 역설이 합리화 되지 않게.

사랑의 자유가 고삐 풀리지 않게.

# 무등산은 하늘이어라

서석대다. 창공을 바라보았다. 서석대 6각기둥 정수리를 만졌다. "모난 바위에 앉아도 꽃방석"이라고 범 시인은 말했다.

불현듯 먼 옛날 이곳이 바다였다는 생각이 스쳤다. 2억만 년 전 무등산의 하늘은 바다였다. 무등산은 서슬 퍼런 파도가 휘몰아치는 바다 속 어디쯤에 있었다. 바다 위 하늘에는 오직 바람과 햇빛만이 오갔다. 무등산은 선캄브리아기에서 중생대 백악기까지 최소 3번 이상의 화산 분출로 만들어졌다. 백악기에 이르러 해남과 화순에서 공룡들의 광기狂氣로 지축이 흔들렸는지는 모를 일이지만 태평양판과 아시아판이 서로 충돌하였다. 이 두 판의 열점이 웅혼한 에너지가 되었다. 그 힘은 바다를 가르고 하늘로 치솟아 천왕봉과 서석대나 입석대가 된 거다. 무등산에는 세계 최대 크기의 주상절리대와 국내에서 가장 밀도가 높은 암괴인 너덜이 만들어졌다. 드디어 무등산은 바다의 하늘이 되었다. 무등산 꼭대기는 서석대나 입석대, 주상절리의 하늘이고 너덜의 하늘이다.

무등산은 자연의 하늘이다. 풀과 나무들의 지엄한 하늘이고 동물들의 하늘이다. 새인봉을 오르는 계곡의 눈밭은 봄의 전령 복수초의 하늘이고 원효계곡 발원지와 물통거리는 늘씬 날씬한 노각나무의 하늘이다. 입석대는 기후변화에 민감한 구상나무의 하늘이고 주상절리로 병풍을 친 서석대는 한국적인 아름다움을 지닌 철쭉꽃의 하늘이다. 무등산에서 제일 높은 천왕봉은 하늘에 닿고 싶은 주목의 하늘이고 광활한 초원을 거느린 중봉은 바람으로 빗질하는 억새의 하늘이다. 실개천이 흐르는 상류계곡은 오월항쟁을 상기하듯 꺾으면 피가 나는 매미꽃의 하늘이다. 수많은 단을 새긴 시무지기 폭포는 샹들리에 등불을 밝히는 괭이눈의 하늘이다. 볕이 잘 드는 새인봉은 일월오봉도日月五峰圖에 나오는 소나무의 하늘이고 무등산 중턱의 너덜은 바위에 맺힌 이슬을 먹고 자라는 왕다람쥐꼬리의 하늘이다. 너덜의 바위와 바위 사이에 생긴 공간은 노란목도리를 두른 담비의 하늘이고 무등산의 신갈나무숲은 하늘다람쥐의 하늘이며 도토리를 먹는 다람쥐의 하늘이다. 풍암제는 풍암정에서 들려오는 풍류소리에 파문을 일으키고 멸종위기종 수달의 하늘이다. 무등산은 산천초목의 생사여탈을 관장하는 암울한 하늘이 아니라 일천 종이 넘는 식물이 공감하며 살아가는 녹음의 하늘이다. 무등산은 날마다 햇볕잔치를 하면서 더운 날에는 구름으로 땡볕을 가려주고 가끔 단비를 뿌려 고든 생명체에 생기를 불어넣는 하늘이다.

무등산은 광주사람들의 하늘이고 광주정신을 키운 하늘이다. 무등산은 산고수장山高水長하여 배산임수의 터에 광즈와 화순과 담양을 낳았으니 무등산은 광주전남 사람들의 하늘이다. 언제나 이들을 넉넉한 품으로 감싸고 있는 무등산 꼭대기에는 천왕봉 지왕봉 인왕봉 세 봉우리가 한 곳에 어울려 있다. 바로 하늘과 땅과 사람의 왕이 함께 모인 더 이상 지엄할 수 없는 산이다. 그 정상의 북측은 북산의 하늘이고 서측은 서석대의 하늘이다. 남측은 입석대의 하늘이고 동측은 광석대의 하늘이다.

천天 · 지地 · 인人 삼재三才. '천은 하늘이고 만물의 근본이며 조물주를 뜻하고 천계天界나 태양계의 성격과 기능을 가지고 있다. 지는 지구의, 인은 만물의 성격과 기능을 의미한다.' 천왕봉은 지왕봉이나 인왕봉과 그 높이를 탓하지 않고 오순도순 의좋게 지내는 조화調和의 하늘이다. 지왕봉은 가르치고 이끌어 올바른 방향으로 나아가게 하는 교화敎化의 하늘이고 인왕봉은 합리적이고 보편타당한 진리를 정의로 받아들이는 치화治化의 하늘이다. 이 삼재가 바로 광주정신의 모체이고 민주화 정신의 산실이다.

내가 앉아있는 무등산의 하늘에는 한라산에서 백두산을 잇는 흰 구름이 두둥실 떠 있다. 서석대는 밤에는 은하를 타고 온 별들과 함께 놀고 낮에는 너와 나, 우리가 찾는 꽃방석이다. 그러니 무등산은 별들의 하늘이고 너와 나의 하늘이다. 무등은 언제나 나를 받쳐주고 너를 지지해 주며 우리를 안아주는 큰 덕성의 하늘이다. 섬김의 덕은 외롭지 않다. 늘 이웃과 더불어 함께하기 때문이다. "사람이 먼저다"라고 말하는 공경의 하늘이다. 무등산은 하늘에 맞닿아 있으면서도 뽐내거나 뻐기지 않고 누구에게든 꽃자리를 내어주는 배려의 하늘이다. 바로 무등산은 덕을 베풀며 섬기는 리더십의 표본이요 공감의 하늘이다.

무등산은 하늘이어라. 그 하늘에 앉아 꿈꾼다. 모든 것을 품어서 키우는 무등의 하늘이 한라에서 백두까지 민족정기의 꽃을 피우는 그 날을.

* 무등산無等山: 통일신라 때 무진악武珍岳 또는 무악武岳이었고 고려 때 서석산瑞石山이란 별칭과 함께 무등산이라 불렸다.

# 매난시사梅蘭詩社

난분 하나가 이상하다. 푸른 잎 사이에 오죽 같은 검은 줄기가 곧추섰다. 자세히 들여다보니 꽃대다. 난분에 난석이 절반은 사라졌다. 난은 뿌리가 굵은 기근氣根이어서 나무의 수피나 바위 겉면에 붙어서 자라거나 배수가 잘되는 푸석한 토양 겉면에 뿌리를 내리고 산다. 이런 성징 덕분에 난석이 절반이나 사라졌지만 잎은 무성하고 꽃대까지 올려 주니 이렇게 고마울 수가 없다.

젊은 시절 다산 정약용은 서너 살 위아래인 15명과 함께 '죽란시사竹蘭詩社'라는 시 짓는 모임을 만들었다. 죽란시사는 정조 때 벼슬한 남인계 청년들의 사교모임이었다. 모임 규칙이 산뜻하다.

"살구꽃이 피면 새해 첫모임을 갖는다. 복사꽃이 피면 한번 모이고, 한여름 참외가 익으면 한번 모이고, 초가을 서지西池에서 연꽃 구경하러 한번 모이고, 국화가 피면 한번 모이고, 겨울에 큰 눈이 내리면 다시 모이고, 한해가 저물 무렵 분에 심어둔 매화가 꽃망울을 터뜨리면 한번 모인다. 모임에는 술과 안주. 붓과 벼루를 가져와서 술을 마시며 시를 읊도록 한다. 모임은 나이 적은 사람부터 먼저 유사有司를 맡고 나이 많은 사람에 이르되, 한차례 돌면 다시 그렇게 한다."

죽란시사에는 풍류가 깃들어 있다. 꽃이 피는 날 술이 빠질 수 없다. 취기가 올라와 흥이 나거든 시를 짓는다. 꽃이 피는 자연의 이치를 즐기되 생명의 영원성을 시서화로 표현하는 모임이 죽란시사다. 한 겨울 큰 눈이 내려도 함께 모여 군불을 지피고 느슨한 거 같아도 세상을 아름답게 만들자는 결기를 토로하는 풍류, 얼마나 멋진 일인가.

나는 몇 개의 모임이 있다. 정기적으로 만나 수필로 합평하는 모임은 있으나 꽃이 피면 만나는 '죽란시사'같은 모임은 없다. 난이 꽃대를 올렸는데도 함께 즐기며 감상할 벗이 없으니 애석하다. 흥취에 젖어 홀로 난분을 바라보며 소한小寒의 란蘭이란 글을 썼다.

한란寒蘭

오늘이 소한이다/ 난이 꽃대를 올렸다/ 작설 모양을 한 네 개의 꽃봉오리/ 꽃봉오리마다 영롱한 이슬 맺혔다/ 그 이슬

맛을 보니 꿀맛이다// 추운 겨울 꽃대를 올리고/ 그 꿀로/ 탐화봉접의 그대들을 불러 모으는구나/ 미안타 내 방에 벌과 나비가 없으니/ 네가 대신해야 되겠다// 이러니 나 당신을 불러/ 꽃대궁 술을 올리리라/ 다시 첫 번째 꽃이 피거든/ 개화 술잔을 권하고/ 꽃이 지는 날에는 아쉬운 마음에/ 낙화 주를 마시고 싶다

이 난시와 꽃 사진을 가까이 지내는 종산에게 톡으로 보냈다. 종산은 내가 보낸 난을 화선지에 치고 난시를 적어 톡으로 보내왔다. 고마운 마음에 종산에게 '죽난시사' 규칙을 적어 보냈다. 꽃이 피거든 초대하겠다고 문자를 보냈다. 종산은 흔쾌히 오겠노라고 답하였다.

1월 셋째 주말 워크숍 일정 때문에 출장을 갔다. 월요일에 출근하니 이미 꽃 2개가 피어 있었다. K가 내려와 지난 주말에 꽃이 피었다고 알려주었다. 종산에게 개화 소식을 알렸더니 지필묵을 지참하여 오후에 오겠다고 하였다. 지인 교수 L과 K를 초대했다. 즉석에서 난을 치고 참새 두 마리를 그렸다. 화제는 "혼자 가면 빨리 갈 수 있지만 함께 가면 멀리 갈 수 있다."를 주문했다. 종산은 다시 홍매와 동백을 그리고서 나에게 화제를 부탁했다. 즉석에서 '매화는 산을 깨우고 동백꽃 바다를 품다'를 써 주었다. 그림 한쪽에 화제를 새기고 '패연의 글에 종산 쓰다'라고 적었다.

내게 낚인 6인에게 죽난시사를 이야기하며 매화의 고장이고 난이 꽃피는 날 만났으니 우리 모임을 '매난시사梅蘭詩社'로 하면 어떤가하고 제안을 했다. 모두 찬성했다. 각자 한 가지씩 재능을 펼쳐 보이자고 입을 모았다. K는 다른 지인도 부르겠다고 하였다. 종산이 대금을 운운하여 대금장인을 언제 만나자는 기약도 했다. 6인은 멋진 모임을 기대하며 한마음이 되어 개화 술잔을 부딪쳤다. 꽃과 술과 시서화가 어우러진 운치 있는 밤이 흘러갔다.

'매난시사'를 상현 날 띄웠으니 보름날 완성하여 그 모임 굴렁쇠처럼 함께 굴리는 날을 기대해 본다.

# 발바닥 지문

강변에 비가 내린다. 천둥 번개를 동반한 소낙비다. 비는 물의 씨앗이랬지. 그래서 비는 아래로 내린다. 빗방울들은 하나같이 튀어 올라 왕관 모양의 지문을 만든다. 한 잔 술이 목을 타고 넘는 밤, 밤새 비는 내리고 비어가는 소주잔을 보다 문득 발바닥 지문에 생각이 꽂힌다.

공룡은 6,500만 년 전에 발바닥 지문과 몇 조각의 뼈만 남긴 채 지구별에서 사라졌다. 지금까지 알려진 공룡은 1,000종 이상이다. 몸길이는 30cm에서 40m에 이른다. 큰 공룡은 몸무게를 150ton으로 추정하고 있다. 우리나라에도 경남 고성이나 경북 의성과 전남 해남이나 화순에서 발견되었다. 그 족적은 무려 6,500여 개나 되며 닭발같이 세 갈래진 작은 것부터 직경이 150cm되는 큰 것도 있다. 공룡은 완전히 사라졌지만 남아 있는 발바닥 지문을 통해 공룡이 어디를 향하고 있는가, 걷는가, 뛰는가를 유추할 수 있다.

보이지 않는 지문도 있다. 우리 몸에는 세포마다 숨어있는 유전자 지문이 있다. 바로 게놈이다. 어떤 생물이 가지는 유전자 전체를 합한 것을 말한다. 유전자 지문은 동일한 유전자형을 지닌 일란성쌍생아를 제외한 모든 개체는 독특한 유전자형을 지니고 있다. 반면 동일개체 내의 모든 세포는 동일한 유전자형을 지니고 있다. 이런 유전자 지도 검색법은 많은 분야에 널리 이용되고 있다. 양수천자 검사는 아들이냐 딸이냐를 알아맞히기보다 기형 여부를 알 수 있다. 혈흔 · 모근 · 음모 · 정액 · 세포 등의 유전자 지문은 범죄수사뿐만 아니라 친자 확인 같은 계통 관계를 밝히는데 이용되고 있다.

최근 인간과 침팬지나 원숭이의 게놈(genome)을 해독했다. 인간과 침팬지의 게놈은 98.4%는 일치하고 1.6%만 다르다. 인간과 붉은털원숭이 게놈은 2.5% 차이가 났다. 따라서 인간은 700만 년 전에 꼬리가 없는 침팬지에서 유래했다는 명제를 공고히 하는 근거가 되었다.

손가락과 발바닥의 지문이나 유전자 지문은 동일한 종種에서 같은 패턴이지만 결코 하나일 수 없고 개체마다 서로 다르다. 나의 열 손가락 지문은 모두 파상무늬인 와상문渦狀紋이다. '하늘 위 하늘 아래 오로지 내가 존재할 뿐이다[天上天下唯我獨尊]'. 그러니 사물 중에서 아무리 애지중지하는 물건이 있을지라도 '나'보다 절실할 수는 없다. 천하 만물 중에서 내가 지켜야 할 으뜸은 바로 '나'다. 건강한 몸과 마음을 가진 나를 지키는 것이 최고의 선이다. 내가 가진 집이나 땅이 최고가 아니다. 파락호破落戶 형색으로 모든 문서를 독립자금으로 헌납한 독립운동가 김용환을 상기해 본다. 그러니 천하 만물에 목숨 걸 필요는 없다. 나의 처지를 위해 살아야 한다.

지난 6월 나의 발바닥 지문을 들여다본다. 나의 발바닥 지문은 나의 행동반경이요, 살아가는 방향이며 내 삶의 시금석이다. 주중에는 업무처리를 하였고 주말에는 환경부와 국립공원의 일을 도모했다. 국립공원 지역협력위원회, 시청회의, 대학도서관협의회, 결혼식 주례, 한국대학정보화협의회와 국립공원 50주년 행사에 참여했다. 이를 위해 광주, 전남, 전주 찍고 인천, 서울, 대구를 거쳐 부산과 제주까지 다녀왔다. 또한 영광에서 4개 대학 친선 골프, 고창에서 선운산문학 출판기념회, 와운마을에서 청미래 모임 그리고 섬총사를 찍은 영산도에서 멸종위기종 모니터링도 했다. 바삐 움직였다. 마음따라 내가 향했던 곳마다 발바닥 지문을 남겼다. 눈은 호사를 누렸으나 발바닥은 혹사를 당했다.

지문은 한평생 바뀌지 않지만 마음은 변덕이 심하다. 그리스 신화에서 저승사자는 당대 최고의 음악가인 오르페우스(Orfeus)의 리라 연주 소리에 홀려 저승 문을 열어주었다. 당나라 현종은 경국지색인 양귀비에 홀려 나라를 망쳤다. 권력은 영원할 것 같으나 권불십년權不十年인 경우 많았다. 이권이나 갑甲질에 눈이 멀어 잘못된 판단을 하여 혼쭐이 난 지도자도 있었다. 속된 말로 개인의 영화나 단물만 쫓다가 한방에 훅 가버린 이들이 많았다. 나도 마찬가지일 거다. 나를 지키고자 애쓰면서도 음악소리를 따라 발길을 돌리거나 미인(?)이 지나가면 자동으로 눈을 돌린 적 있었다. 돈과 명예라는 단맛에 군침을 흘리기도 했었다. 이렇듯 나를 지키는 것은 쉽지 않았다. 발바닥 지문은 잠시라도 살피지 않으면 마음 따라 가지 못하는 곳이 없다. 그러니 발바닥 지문보다 마음의 지문을 더 민감하게 살펴야 한다.

지금껏 나는 식물의 사생활을 들추고 자연환경을 보전하기 위해 발바닥 지문이 닳도록 뛰면서 살아왔다. 국립공원이나 백두대간뿐만 아니라 독도에서 가거도까지 족적을 남겼다. 자연의 묘미는 더불어 사는 공동체들의 실상이며 모두를 포용하는 표상이라는 걸 깨달았다.

앞으로는 정상을 향해 굴레를 씌우고 빗장을 채우기보다 가끔 생태해설이나 강산 답사에 내 발바닥 지문을 남기며 살고 싶다. 그것이 밥벌이가 되어주고 체력을 단련시켜주고 인생의 즐거움을 안겨준 자연에 대한 빚을 갚는 일이 아닐는지.

# 내 고향

어머니는 내 고향이다. 나를 만든 이가 어머니요, 이 땅에 보내신 이가 어머니다. 아무리 불러도 정감 가는 단어, 어머니! 돌아가신 지 20여 년이 되었지만 지금도 생각하면 절로 입가에 미소가 번진다. 어머니 댁호宅號는 대월댁이었고, 43세에 나를 낳으셨다. 막내로 태어났다. 토끼와 입맞춤하는 방장산 아래 고창군 신림면 가평리 노동 431번지가 나의 태胎자리다.

옛말에 '나무는 가만히 서 있고자 하나 바람은 그치지 않고, 자식은 잘 모시고자 하는데 어버이는 기다리시지 않는다.'라고 했다. 그렇다. 막둥이가 장성해서 효도하려고 하였더니 세월은 어머니를 저세상으로 모셔갔다. 참으로 애달픈 일이다. 원통한 일이다.

생각해 보면 나는 어머니의 막둥이로 사랑을 듬뿍 받고 자랐다. 가평초등학교 시절 운동회 날이면 어머니는 누나와 함께 학교에 오셨다. 저학년 때는 보물찾기보다 어머니를 더 빨리 찾아서 비호처럼 품에 안겼었다. 고학년 때는 부끄러움이 앞서 어머니 품에 못 안긴 것이 못내 후회스럽다. 어머니를 보는 순간 좋아서 어쩔 줄 모르고 가슴이 방망이질을 해댔지만, 곧장 달려가지는 못했다. 친구들의 어머니는 파마머리에 양장한 새댁으로 오는데 어머니는 할머니처럼 고운 한복에 쪽찐 머리를 하고 오셨기 때문이었다.

철이 들면서 나는 어머니의 손을 꼭 붙잡고 고향 마을이나 도회지 거리를 함께 걸었다. 지금도 어머니의 그 따스한 손길을 잊을 수가 없다. 결혼한 후에도 고향 마을을 찾을 때면 막내의 손을 꼭 잡아주시던 어머니! 동구 밖까지 나오셔서 따스한 온기 전해 주고 내가 시야에서 멀어질 때까지 손을 흔들어 주던 어머니. 정말 그립다. 그 따스한 온기를 느끼고 싶다. 꿈에서라도 한번 보고 싶다.

어린 시절 방과 후 산과 들을 헤집고 쏘다니며 말썽을 부려도 탓하지 않고 말없이 바라보시던 인자한 어머님의 모습이 스쳐 지나간다. 이 순간 어머님이 출연하는 고향 산천이 파노라마로 떠오르니 고향에 대한 그리움이 더 간절하다.

어머니 품속에서 옹알이하다가 옷고름 잡고 초등학교와 중학교 시절을 고향 땅 고창에서 보냈고, 고교 시절부터 어머니 품을 떠나 전주에서 지냈다. 그리고 직장생활은 광주광역시에서 지금껏 하고 있다. 이 두 지역은 내 고향 고창과 가까워서 고향이나 다름없다. 그렇지만 내가 느끼는 고향에 대한 감도는 각기 다르다. 가장 정감이 가는 곳은 내 태자리요, 마음의 고향은 어린 시절을 보냈던 고창이다.

고향은 참 좋다. 도회지 목욕탕에서는 알지 못하면 굳이 아는 인연이 아니라고 단정 짓고 만다. 그러나 고향의 대중탕에서는 누구든 친구나 지인 같이 느껴진다. 고향에서는 낯선 사람이라도 어디선가 본 듯한 어디선가 한 번은 만난 듯한, 그런 느낌이 든다. 고향은 생각만 해도 마음이 따사로워지는 단어다.

아직 정년을 논할 나이는 아니지만, 동료들과 노후를 어디서 보내야 할지 이야기를 나눈 적이 있다. 중국 속담 하나가 생각난다.

"사람은 고향에 돌아가려 하고, 말은 여물을 향하고, 까마귀도 제 둥지를 아낀다."

아무리 목 놓아 외쳐도 그리운 단어가 어머니이듯 가만히 눈감고 상념에 젖을 때 더욱 아련하게 다가오는 곳이 고향이다. 형제나 친구가 나를 부르지 않을지라도 돌아가고 싶은 곳이 고향 땅이다. 몇 년 전부터 전원생활을 꿈꾸었던 나는 노후를 보낼 곳을 생각해 보았다.

2000년 2월에 강원도 백담사 입구 황태덕장이 즐비한 용대리에 간 적이 있다. 용대리는 한적한 산골이지만 적적하지 않을 정도로 오가는 이가 많아 무엇을 하든 외롭지 않을 것 같았다. 이렇듯 나는 전국 방방곡곡을 다니면서 외롭지 않을 정도로 작은 규모의 마을이 있고 오가는 인파가 있는 시골 마을에 가서 살아야겠다고 생각했다. 다시 말하면 '천안 삼거리론'이다. 옛날 과거를 보러 가는 데 필수 관문인 천안 삼거리 주막집과 같이 많은 인파가 오가는 곳을 찾아야겠다고 마음먹었다.

처음에는 기후와 풍광만 고려하여 지리산 자락에 있는 전북 남원이나 전남 구례를 생각해 보았으나 노후에 이방인으로 살 수 없다는 것을 생각하고 단념하였다. 부모님이 물려주신 반달 논이 있는 가평리도 생각하였으나 너무 고즈넉해서 외로울까 봐 선택에서 제외하였다. 나는 지방도에 인접해 있으면서 오가는 인파가 제법 있고 노후에 볼거리, 먹을거리, 만날 거리가 풍족한 곳을 1순위로 삼았고, 21세기는 해양 시대이므로 산골보다는 강이나 바다가 있는 곳을 찾아 나섰다.

찾고 찾은 곳이 고창군 심원면 경수산 뒷자락에 있는 밭이었다. 2010년 가을에 구매한 이 터는 뒤로는 경수산이 웅비해 있으며, 앞으로는 국내 최대인 하전리 갯벌이 펼쳐져 있고 변산반도가 한눈에 바라다보이는 곳이다.

이제 내 고향은 누가 뭐래도 고창이다. 고창은 내가 유년 시절을 보냈던 곳이고, 앞으로 노년을 보낼 곳이다. 지금 당장 집을 짓지는 않을지라도 나의 오래된 미래를 실현할 그 날을 생각하면 가슴이 벅차오른다. 생각만 해도 엔도르핀이 쏟아져

나오고 다리에 힘이 들어간다. 그곳에 컨테이너 하나를 가져다 놓고 가끔 찾아간다. 속담에 '남자가 고향을 떠나지 않으면 귀하게 여기지 않는다[男不離鄕不貴]'라는 말이 있다. 그런데도 고향 친구, 선후배 및 친지들과 얽히고설키어 살고 싶다.

고향에서 갯내와 꽃다지랑 냉이랑 함께 사는 그날이 기대된다. 전공을 살려 하전리 갯벌 체험학습장에 찾아오는 탐방객들에게 생태해설을 해도 좋겠다. 바지락과 씨름하고 개펄 흙으로 진흙팩을 하며 신명 나게 즐기기도 할 것이다. 또 고향에 살면서 선운산 문학 마당에 작지만 소소하고 아름다운 꽃을 피우리라. 어머니의 따뜻한 손길로 오늘의 내가 있듯이, 나 또한 고향 땅에 따스한 손길을 전하고 싶다.

# 4부

# 비단벌레

천년고도 경주시에 특이한 셔틀버스가 등장했다. 생김새가 재밌다. 왕눈이 헤드라이트에 금록색의 머리와 가슴, 몸통 지붕으로 이루어졌다. 다리는 여섯인데 바퀴는 여덟인 비단벌레 전기차다. 이 차는 1975년 여름, 신라 시대 고분 황남대총에서 출토된 '비단벌레 날개로 장식한 말안장 유물'을 기념하는 상징물이다. 이 말안장은 2,000여 장의 비단벌레 금록색 날개 위에 금동으로 맞새김한 투조판으로 장식해 놓았다. 금빛 찬란하다. 정말 아름답다. 신라를 대표하는, 신라인의 찬란한 문화를 보여주는 최상의 공예품이자 귀중한 고고학 자료다. 그러나 비단벌레 날개가 산화되어 변색할 우려가 있어 전시되지 못하고 아직도 박물관 지하에서 잠자고 있는 게 안타깝다.

비단벌레는 어린 시절 여름방학 중에 산에 가면 길앞잡이와 함께 종종 볼 수 있는 곤충이었다. 등껍질에 우장雨裝을 쓴 비단벌레나 길앞잡이, 사슴벌레, 하늘소, 풍뎅이 등은 한여름 장대비가 내려도 끄떡없이 지내면서 풀 울음소리에 합세하여 더위를 잊게 해주었다. 이들 딱정벌레 가운데 가장 아름다운 곤충이 비단벌레다.

비단벌레는 금록색의 화려한 광택 때문에 예부터 '왕의 곤충'이라 불리며 부와 명예, 영생의 상징으로 여겼다. 또한 중국 본초강목이나 일본 왜막삼재도회에는 남녀 사랑의 미약으로 꼽고 있다. 이렇듯 고대부터 옷이나 마구 장식에 많이 사용되어서 많이 남획되었다. 최근 비단벌레를 우리나라에서 거의 찾아볼 수 없다. 환경부는 멸종위기종으로 취급하고 문화재청은 2008년 천연기념물 제496호로 지정하였다. 2012년에 내장산국립공원에 비단벌레가 나타나 깃대종으로 정하였다. 매우 잘하였고 반가운 일이다.

비단벌레의 숙주식물은 팽나무나 벚나무이고 이들 나무에 7월 말에서 8월 초에 산란한다. 이듬해 알에서 깨어난 애벌레는 이 나무 속에서 목질부를 먹고 자란 다음 다시 날개가 돋아 찬란한 갑옷을 입는 생 놀이를 한다. 이래서 숙주식물인 팽나무가 숲을 이룰 때 비단벌레는 안심하고 세대를 거듭할 것이다. 이것이 자연 자원을 보전해야 하는 이유다.

도감에는 비단벌레 분포 지역이 전라남도라는데 지금은 거의 확인되지 않고 있다. 그 이유는 당산나무로 남은 노거수들이 종교적인 이유나 새마을 사업으로 다수가 제거되었다고 볼 수 있다. 그러나 비단벌레가 출현할 가능성은 있다. 아직도 남해안 해안가 마을에는 팽나무 노거수가 많이 분포한다. 이 나무들이 당산나무 숲을 이루도록 생태적 문화적 보전을 하면 비단벌레가 도래할 것이다. 내장산에서 발견된 비단벌레가 서래봉이나 연지봉 위로 날아서 한반도 전역으로 퍼져나갈 수 있도록 생태숲 보전을 해야 할 것이다.

황남대총의 '말안장 유물'에 새겨진 비단벌레들의 DNA를 복제하여 형질 발현을 한 비단벌레가 경주시 곳곳을 비행하면 얼마나 좋겠는가? '말안장 유물'에서 온고지신溫故知新의 정신을 찾으면 좋겠다. '비단벌레 전기차'만이 온고지신의 대안은 아니라고 생각한다. 가능하다면 황남대총 앞뜰에 팽나무나 벚나무 숲을 조성하면 좋겠다. 이런 팽나무 숲에서 비단벌레들이 참살이를 거듭하면 참 좋겠다는 생각이다.

머지않은 여름날 보문호수 가는 길에 길앞잡이를 앞세우고 남산 수림에 이르러 풍뎅이 날갯짓으로 땀을 식히면서 비단벌레와 함께 산책하는 날이 왔으면 좋겠다. 그날이 오면 나는 몇 날 며칠이 걸려도 경주 시내 문화유적을 비단벌레와 동행하며 걷고 싶다.

# 황로와 농부

진달래꽃 잔치를 하는 4월 중순이다. 들판에는 농부들이 들일 준비에 바쁘다. 못자리하거나 고추 모종 심기를 한다. 너른 들판에서는 트랙터가 논 갈기에 분주하다. 운전하면서 멀리 바라보이는 트랙터 주변에는 서너 개의 하얀 비닐 조각이 널려 있다. 마치 작년에 못자리했던 보온용 비닐이 봄바람에 너울거리는 것 같다. 가까이 다가가 보니 흰 비닐 조각은 목이 없는 백로다. 차를 세우고 자세히 보니 목에는 황톳빛 목댕기를 한 황로다.

황로는 5월 전후하여 우리나라를 찾아와 번식하는 철새이지만, 1967년 전라남도 해남에서 월동하는 것이 확인된 이후, 현재는 전국 백로 번식지에서 소수 개체가 텃새로 번식하고 있다. 4월 들판에서 보는 황로는 황토색 목댕기를 하고, 흰 는 내리는 겨울에는 흰색으로 바꾸니, 우리의 눈을 속이는 의태색擬態色이 분명하다. 황로를 멀리서 보면 바람에 너울대는 비닐 조각처럼 보여서 포수를 피할 수 있는 위장술이다.

어쩌면 게으른 백로가 황로로 바뀌었는지도 모른다. 주로 물가에 살면서 물고기 낚시를 하던 백로가 어느 날 하늘 위를 날면서 농부가 논에서 쟁기질하는 광경을 보다가, 갈아엎은 흙 밖으로 튀어나온 개구리를 발견하고 곧장 내려와 개구리를 주워 먹었을 거다. 이런 불로소득不勞所得의 먹이를 시간 가는 줄 모르고 먹다가 머리뿐만 아니라 목까지 흙투성이가 되었을 것이다. 그때부터 4월이면 미리 머리와 목을 주황색으로 염색하고서 쟁기 뒤를 쫓아다니는 습성이 생겼는지도 모른다. 요즘은 소 풍경소리가 아닌 요란한 트랙터 엔진소리에 적응하여 그 뒤를 그렇게도 잘 따라다닌다.

80년대는 트랙터로 논을 갈면 동네 사람이 모여 구경하던 것을 2000년대에는 황로가 따라다니면서 일손에 흥을 불어 넣는다. 농부는 트랙터로 논을 갈면서 뒤따르는 황로에게 동면하던 개구리나 지렁이, 땅강아지 등을 나눠준다. 농부가 논을 갈다가 한 번씩 황로를 바라보는 풍경은 무척이나 아름답고 여유롭게 보인다. 그렇다고 농부는 많은 수의 황로를 부르지 않고 서너 마리만 불러 놓고 한가로이 일한다. 한편 몇 년 전 지리산 대성골에서 쟁기질하는 다랑논에서 까치 부부가 찾아와 땅강아지를 주워 먹고 노래 부르던 광경도 생각난다. 골짜기의 농부는 논을 갈면서 소 풍경이나 까치의 울음소리와 자신의 "이려"라는 추임새로 하루를 힘든 줄 모르고 만족스럽게 보낸다. 너른 들판의 트랙터와 황로의 풍광도 여유 그 자체이다.

농부의 마음은 계일청덕戒溢淸德이다. 분에 넘치는 게 없다. 다랑논에서 일확천금一攫千金을 꿈꾸지 않는다. 쇠도끼를 웅덩이에 빠뜨린 후 금도끼가 내 것이라고 우기지도 않는다. 씨뿌린 만큼 수확하기 위해 봄부터 논을 갈고 열심히 일하는 이가 농부다. 이것이 바로 넘치는 것을 경계하고 맑고 소박한 덕을 베푸는 농부의 마음, 계일청덕이다. 서너 마리 황로를 모아 놓고 여유롭게 일하면서 추임새를 넣는 농부가 낭만가객이요 진정한 자연인이다.

트랙터 소리보다 요란한 도회지 아방궁에서 'x 게이트'나 'y 로비'로 한탕 치기를 꿈꾸는 자 있다면 4월의 들판에서 황로를 불러 놓고 계일청덕하는 농심을 한번 들러보면 좋을 듯싶다.

# 사마귀

방충망에 달라붙은 사마귀가 나를 노려보고 있다. 사마귀를 향해 손가락을 움직였더니 머리를 치켜세운다. 고놈 거동 좀 보소. 줄행랑을 쳐도 모자랄 판에 대적이라도 하려는 듯 버티는 게 가당키나 한가. 머리를 툭 건드렸더니 앞발을 치켜세운다. 뭔가를 노리는 폼으로 물러서지 않는다. 범상치 않게 노려보고 있어서 그냥 놔두고 관찰하기로 했다. 저녁 식사 후 한 시간 두 시간 그리고 세 시간이 지나도 불빛에 비추인 모습은 처음 그대로다. 미동도 하지 않은 채 말이다.

사마귀의 거만한 자태가 마치 범이 먹잇감을 노리는 모습같이 무섭게 생겼다고 해서 범(호랑이)의 아재비(아저씨), 즉 버마재비라고 부른다. 한자로는 당랑螳螂이다. 사마귀가 앞발을 들고 수레바퀴를 가로막는다는 뜻으로 제 분수도 모르고 강한

적에게 덤벼드는 무모한 행동을 일컫는 말도 있다. 바로 '당랑지부螳螂之斧'다.

장자의 〈외편〉이나 〈산목편〉에 「당랑박선螳螂搏蟬」이 있다. 장자가 사냥을 즐기고 있는데 까치 한 마리가 낮게 날아와 근처 밤나무에 앉았다. 올커니, 튼실한 사냥감이군. 곧바로 활을 겨누는 순간, 까치를 겨눈 장자의 눈에 실로 기이한 광경이 들어왔다. 자기가 겨누고 있는 까치는 풀잎의 사마귀를 노리고, 사마귀는 나무 그늘에서 세상모르고 맴맴 사랑가를 부르는 매미를 노리고 있었다. 모두 자기가 노리는 사냥감에만 정신이 팔려 자신의 위험은 전혀 신경을 쓰지 않고 있는 게 아닌가. 이를 깨닫는 순간 장자는 활을 거두고 그곳을 빠져나왔다. 그러나 마침 뒤쫓아 온 밤나무 주인에게 붙잡힌 장자는 밤 도둑으로 몰려 심한 욕설을 들어야 했다. 이 당랑박선은 사마귀가 매미를 노린다는 말로 지금 당장의 이익만을 탐하여 그 뒤의 위험을 알지 못한다는 의미다.

늦가을 길가에서 사마귀의 사랑을 목격했다. 분명히 덩치 큰 사마귀가 조금 작은 사마귀를 업고 사랑을 나누었는데 얼마 안 가서 큰 암컷이 수컷을 잡아먹고 있는 끔찍한 장면을 보았다. 짝을 차지하기 위한 수컷들끼리의 군웅할거群雄割據는 보았어도 사랑의 대가로 그 자리에서 죽임을 당하는 모습은 처음 보았다. 자손을 점지해 주었으니 몸 구완을 해 주어야 옳을 터인데 이게 웬일인가. 알고 보니 사마귀는 유일하게 암컷이 교미

중에 수컷을 잡아먹는 습성이 있는 곤충이다.

사마귀란 이름을 누가 지었을까. 앞발은 톱날 같이 크고 길어서 포획하기에 알맞은 모양새다. 머리는 역삼각형으로 양 끝에 두 개의 겹눈을 가지고 있다. 이 녀석은 앞발로 옆으로 다가선 곤충들을 잡아먹으니 '죽음을 부르는 마귀'와 같다 하여 사마귀死魔鬼다. 동족끼리 힘겨루기를 하기도 한다. 수컷들은 사랑하는 대상을 놓고 치열하게 싸운다. 우듬지가 될 때까지 사랑을 위해 살고, 사랑에 울고, 사랑 때문에 목숨을 건다. 사마귀의 사랑은 끔찍할 정도다. 장렬하게 생명까지 내놓는다. 사마귀는 부리부리한 눈으로 세상 무서운 줄 모르고 살지만 희생적인 사랑을 할 줄 안다. 암컷보다 작은 체구의 수컷은 사랑을 완결하는 순간 죽음이다. 환희의 순간이 지나자마자 암컷에게 잡아먹힌다. 다음 세대를 위해, 내리사랑을 위해 자양분으로 자신의 몸을 내놓는다. 숭고한 죽음일 터이나 차마 눈뜨고 바라보기 힘든 모습이다. 이러니 죽음의 마귀, 바로 사마귀가 아니고 무엇이겠는가.

사마귀의 영어 이름은 mantid나 mantis다. 'mantis'는 그리스어로 '점쟁이'라는 뜻인데 초자연적인 힘을 지녔다고 하여 붙인 이름이다. 사마귀에 대한 수많은 신화나 전설이 있는데, 사마귀의 갈색 타액唾液은 사람을 장님으로 만들고 사마귀를 먹은 말이나 노새는 죽는다고 한다. 그래서 또 다른 영어 이름은 'devil's horse'(악마의 말)이나 'mule killer'(노새 살해자)이다. '말을 죽이는 귀신'이라는 의미의 사마귀死馬鬼인지도 모르겠다.

다른 별칭은 오줌싸개다. 사마귀란 녀석이 손등에 오줌을 싸면 몸에 사마귀가 생긴다 하여 붙인 이름이다. 물러설 줄 모르는 녀석일지라도 무소불위無所不爲의 힘을 가진 건 아니다. 주행성인 사마귀는 천적인 새에게 잡히면 죽을 수밖에 없는 운명이어서 낮 동안에는 좀처럼 날거나 움직이지 않고 보호색으로 위장한 채 한곳에 오래 머물며 사냥감을 노린다. 그러나 사마귀도 포식자에게 잡히면 어쩔 수 없이 죽는다. 그런 상황에서 포식자에게 잡아먹히지 않으려고 오줌독을 갈겨 상대를 따돌린다.

사마귀는 당랑박선같이 포획과 포식에 능할 뿐 아니라 천적을 피하는 장치도 가지고 있다. 커다란 겹눈은 낮에는 녹색이나 갈색이지만 밤에는 검게 되어 잘 볼 수 있어서 먹이를 쉽게 사냥한다. 그러나 밤에 먹이나 짝을 찾아 서툴게 날아가다 상위 포식자인 박쥐의 레이더망에 걸려 잡아먹히기도 한다. 다행히 사마귀는 박쥐의 초음파 레이더를 감지할 수 있는 귀가 가슴에 하나 있다. 장이권이 말하는 하나의 귀로 청력을 얻는 방식인 키클롭스 귀를 가진 사마귀는 박쥐를 피하거나 따돌릴 수 있다.

이처럼 사마귀는 예부터 당랑지부를 일삼는 기이한 행동거지로 살아왔다. 낮에는 당랑박선을 하는 사냥 실력으로 포식하고, 밤에는 박쥐를 교묘하게 따돌리는 비행수법으로 생존하는 당랑거사는 인간사에 많은 설화나 어록을 남겼다.

우연히 맞닥뜨린 당랑거사의 생애가 내 삶에 던지는 물음이 자못 진지하다. 목숨 내어줄 만큼 뜨거운 사랑을 한 적이 있는가. 눈앞의 이익에 급급하여 목덜미를 내준 적은 없는가. 내 뜻을 막아서는 세상의 벽에 '아니오'라고, 배짱 있게 맞서 본 적이 있는가. 만용일지언정 당랑거사의 용기가 부러워지는 것은 왜일까.

# 신新개미론

개미는 쉬지 않고 열심히 일하고 베짱이는 노래만 부른다. 가을이 지나고 겨울이 오니 개미는 오두막에서 따뜻하게 지내는데 베짱이는 춥고 배고파서 고생 고생하는 모습을 그린 이야기가 이솝우화다. 최근 베짱이론을 달리 이야기하는 사람도 있다. '개미는 일만 하다 나중에 허리 디스크가 걸려 고생하고 베짱이는 열심히 노래 연습을 해서 좋은 스타가 되었다'라는 이야기다. 바로 '싸이"를 두고 하는 말이다.

개미는 부지런하다. 어린 시절 뒷동산에서 보았던 개미들은 어디론가 계속 열을 지어 이동한다. 줄곧 오가는 행렬이다. 자신보다 큰 전리품을 가지고 집으로 돌아온다. 어린 시절 요녀석하고 손으로 잡아서 장난을 친 후 그 손가락으로 코를 후비면 냄새가 시큼하다. 개미 냄새다. 팔미트산이나 스테아르

산을 분비한 탓이다. 작지만 천적에게 먹히지 않으려는 전략이다.

TV에서 열대우림의 전사, 군대개미를 보았다. 약 100만 마리가 하룻밤 사이에 나무구멍에서 빠져나가는 대탈출, 대이동을 한다. 동료의 페로몬을 따라 앞으로 행진을 한다. 폭은 약 20m에 이른다. 이 범위 안에 있는 모든 먹잇감은 개미 것이다. 여치, 지네, 지렁이나 전갈까지 닥치는 대로 죽여서 먹잇감으로 삼는다. 군대개미 앞에서 "전갈의 치명적인 독이나 단단한 껍질도 무용지물"이다. 때론 나뭇잎을 쪼개어 집으로 가져가는 행렬은 보라카이 세일링 보트들의 분주한 이동 같다.

인간이 사는 주택에도 침입하는 경우가 있는데 주인은 그냥 내버려 둔다고 한다. 이유는 병정개미가 인간이 먹는 음식에 해를 끼치는 바퀴벌레나 해충을 박멸해주기 때문이란다. 이처럼 군대개미는 한 곳에서 먹이 사냥이 끝나면 다른 곳으로 대이동을 하고, 다시 정착해서 주변에 침입하여 포식하는 작업을 계속한다. 바로 이주와 정착, 침입과 약탈을 반복하면서 살아간다. 대 군단이 한 곳에만 머물면 먹을 것이 부족하여 그 집단은 폐사하고 만다. 그러니 군대개미의 대이동은 먹이 사냥을 위한 필수수단이다. 마치 화전민이 경작 후 새로운 화전으로 이동하는 것이나 몽골 유목민이 가축과 함께 '게르'를 옮겨가는 이동과도 흡사하다고 판단된다.

최근 세계적인 가수 '싸이'를 두고 베짱이론을 피력하는 이가 많다. 여름 내내 바이올린을 켜고 노래만 부르다가 대박 난 스타라는 말이다. 나는 싸이를 두고 베짱이론으로 말하고 싶지 않다. 미국 유학 시절에 그는 부모님의 말씀에 따라 보스턴대학교 국제경영학 공부를 계속하지 않고 버클리 음악대학 전문 음악과를 다닌 것은 분명 청개구리 습성일 것이다. 그러나 음악에 대한 열정과 쉼 없는 노력으로 가수의 길을 열었다. 싸이는 가수로서 몸짱이나 얼짱과는 거리가 다소 멀어도 본인만의 색깔 있는 현란한 몸동작으로 노래를 한다. 이런 노력의 산실로 '챔피언' '강남스타일' '젠틀맨'이 탄생한 것이다. 빌보드 차트 상위 10위에 들고 유튜브 검색 1위 등을 하게 되어 일약 세계적인 음악가가 된 것이다. 그는 분명 베짱이가 아니다. 쉬지 않고 노력해서 이룬 대 스타이므로 신新개미론이라고 말하고 싶다.

부모가 희망하는 분야도 좋지만 정말 내가 좋아하는 것을 찾아서 신명나게 매진하고 더 나아가 그 일을 즐길 줄 아는 개미 정신이 필요하다. 부모님이나 선생님의 말씀에 순종하여 내가 좋아하는 일과는 무관하게 나의 진로를 선택하고 미래를 찾는다면 분명 문제가 있다고 본다. 부모님의 바람과는 다소 거리가 있을지라도 정말 내가 하고 싶은 일을 해야 한다.

이제 젊은이들은 차별화된 나, 특성화된 나, 세상에 하나뿐인 나, 자존의 나가 되도록 노력을 해야 한다. 그리고 난 후 개미처럼 일할 때 자신의 발전뿐만 아니라 그 집단은 큰 힘을 발휘할 수 있는 거다.

싸이는 젊은 시절 한때 반항하고 방황하는 모습이었을지라도 음악이라는 마천루에서 걷고 뛰고 쉬는 곡예를 반복했을 것으로 본다. 이제 그는 가요계의 '왕개미'가 되었다. 세계 곳곳에 있는 젊은이들의 우상이 되어 팬들을 열광케 하고 있다.

오늘도 세계적인 한류韓流를 만드는 싸이에게 찬사를.

# 앨버트로스

동트기 전이다. 어스름을 헤치고 티샷을 날린다. 안개 때문에 공의 탄도를 알 수가 없다. 공이 드라이브에 맞는 순간, 이탈되는 방향만 볼 뿐이다. 티샷 '감'으로 공의 행방을 찾는다. 그린 위에서 퍼팅하면 공은 이슬을 감싸고 궤적을 그린다. 3번째 홀부터 경수산 꼭대기 위쪽으로 해가 고개를 내민다. 골프는 타수 경기지만 해무海霧 위에 번지는 아침햇살은 타수에 연연하지 않을 만큼 몽환적이다. 또한 파트너가 좋으니 더는 바랄 게 없다.

친구들과 어울릴 목적으로 골프를 90년대 말에 시작했다. 흉허물이 없는 친구들에게는 농담 삼아 '천년'을 넘게 골프를 쳤다고 호들갑을 떨기도 한다. 그런데 여전히 90대 후반, 학점으로 보면 A+다. 그렇지만 가방을 차에 실을 때면 마음속으로 홀인원이나 앨버트로스를 꿈꾸곤 한다. 막상 가면 보기플레이도 안 된다. 마음 따로 몸 따로다. 늘 멘탈 해저드(심리적인 장애물)에서 헤맨다. 온 그린 시키겠다고 용을 쓰면 여지없이 공은 궤도에서 이탈하고 만다. 공은 해저드나 벙커로 날아가 낙동강 오리알 신세다. 홀인원이나 앨버트로스는 언감생심이다.

앨버트로스는 파5에서 2번 만에 공을 홀 컵에 넣는 것이다. 3타를 줄이는 전략이다. 역대 마스터스에서 기록된 앨버트로스는 단 네 번뿐이다. 1935년에 진 사라센(미국)이 처음이고, 1967년에 브루스 데블린(미국), 1994년에 제프 매거트(미국) 그리고 최근 2012년에 웨스트호이젠(남아프리카공화국)이 기록했다. 다시 말해 앨버트로스는 공을 가장 효율적으로 멀리 날려 목적지인 홀 컵에 안착시키는 것이다. 골프 황제 타이거 우즈는 홀인원을 3번 했으나 앨버트로스 기록은 아직 없다. 골퍼라면 누구든 앨버트로스를 꿈꾸지만, 기록처럼 실현시키는기는 참 어렵다.

원래 앨버트로스(Albatros)는 현존하는 새다. 전설의 새가 아니다. 날개를 펴면 210㎝가 넘는 큰 새다. 중국에서는 '신천옹信天翁'으로 부르고, 보통 명은 '청장靑莊'이다. 이는 일본 토리섬에서 북태평양까지 대양을 넘나드는 새로서 먼 바다여행의 상징이다. 앨버트로스는 날개털을 채취할 목적으로 사냥당했기 때문에 그 수가 줄어들어서 현재는 국제적인 멸종위기종으로 보호받고 있다.

앨버트로스는 몸동작은 느려 보이지만 지상의 어느 새보다도 높게 그리고 멀리 나는 새다. 그 이유는 몸에 비해 긴 날개와 기류(氣流)를 이용할 줄 아는 비행 전략에 있다. 높은 곳에서 날갯짓하지 않고 글라이딩하기 시작하여 하강하다가 강한 바람이 불면 바람 부는 방향으로 날개의 각도를 세우는 전략, 이른바 '동적 수직상승(Dynamic Soaring)'이라고 부르는 비행 테크닉으로 순식간에 하늘 높이 솟아오른다. 이렇게 고도를 높인 후 방향을 바꾸고 다시 활공하여 가고자 하는 방향으로 서서히 내려오면서 날아간다. 이런 방법으로 앨버트로스는 놀랍게도 태평양을 쉬지 않고 횡단할 수 있다. 에너지 소모는 최소로 줄이고 가장 먼 거리를 비행하는 것이다.

연암은 '도하淘河는 노력하지만 늘 굶주리고[淘河勞而常飢], 청장靑莊은 편안한데 언제나 배부르다[靑莊逸而常飽]'라고 하였다. 여기서 도하는 펠리컨을 말하고 청장은 앨버트로스, 신천옹이다. 펠리컨은 조급한 마음에 도랑이나 늪에서 흙탕물을 일으키고 돌아다녀서 물고기가 보이지 않으므로 잡지 못해 늘 허기진다는 의미이고, 청장인 앨버트로스는 물가에 한가로이 서 있으나 펠리컨을 피해서 흙탕물 속을 도망쳐 나온 물고기가 맑은 물에 비추니 덥석덥석 낚아채서 먹으니까 항상 배부르다는 의미다.

골퍼의 앨버트로스나 앨버트로스의 먼 거리 비행 기술이나 물고기를 낚는 방법은 모두 공통점이 있다. 최소한의 에너지를 사용하여 최대의 경제적 성과를 거둔다는 것이다. 이것은 놀라운 과학의 원리를 터득한 결과다. 왜 과학적 사고가 중요한가를 일깨워 주는 대목이다. 앨버트로스는 몸집과 비교해 더욱 큰 날개를 가졌고 수직으로 상승하는 비행 기술까지 익혀 더 높이 더 멀리 날 수 있다. 또한 물가에서 노는 것 같으나 도하와 일정 거리를 두고 서 있음으로써 흙탕물에서 빠져나온 물고기를 쉽게 잡는 전략과 시스템을 갖춘 지혜로운 새가 바로 앨버트로스다. 이것은 분명 자연의 이치를 터득함이요, 자기 혁신이며 역량 강화이다. 결코 게으른 것이 아니다. 하늘에 운명을 맡긴 것도 아니다.

대양을 건너는 앨버트로스처럼 나도 지구촌을 누비고, 필드에서 앨버트로스를 하고 싶다. 현대인은 '9988-123'을 원한다. 구십 구세까지 팔팔하게 살다가 하루는 아프고, 이튿날은 고독하고 삼 일째 되는 날 신고하고 생을 마감하기를 바란다. 인생을 파 5로 본다면 직장생활을 하면서 정년까지를 드라이버샷으로 볼 수 있고, 정년 후의 삶을 두 번째 샷으로 볼 수 있다. 다음은 몸이 아파 병치레하고, 짝을 잃어 외롭고 또 타인의 힘에 의지해서 사는 삶이 3, 4, 5번 타다. 이 3, 4, 5번 타는 생략하면 좋겠다. 이것이 인생의 앨버트로스라고 생각한다.

이제 정년 후를 대비하고 노년에 즐길 수 있는 거리를 많이 만들어야 하겠다. 필드만 누빈다고 누구나 앨버트로스를 할 수는 없다. 이를 위해서 프로나 캐디의 도움도 중요하지만, 과학적이고 정교하고 힘 있는 샷을 구사해야 할 것이다.

백수를 누리기 위해 오늘도 나만의 앨버트로스를 꿈꾸며.

# 족제비

족제비 두 마리가 로드 킬을 당했다. 갈대숲과 버드나무숲이 있는 황룡강 둑길에서였다. 2월 말 강변엔 무서리가 내려 있었다. 차를 세우고 이들을 찻길 밖으로 치워주고 싶었으나 출근하는 차들이 연이어 오는 바람에 어쩔 수 없이 지나치고 말았다.

족제비는 야행성 동물이다. 집쥐나 들쥐, 뱀이나 개구리를 잡아먹으면서 냇가나 인가 근처 돌 밑에 집을 짓고 산다. 가끔 닭을 잡아먹거나 죽이는 해로운 점도 있으나 들쥐를 제거하는 기능이 크므로 국가적으로 적극 보호해야 할 동물이다.

30여 년 동안 운전하면서 한 마리가 로드 킬을 당한 경우는 많이 보았으나 오늘처럼 한 쌍이 죽은 경우는 처음 보았다. 족제비의 로드 킬은 분명 새벽녘에 일어났을 것이다. 선잠 깨워 잠결에 강가로 세수하러 가다가 자동차 헤드라이트 불빛에 방향을 잃고 차에 부딪쳤는가. 몽유병 환자처럼 꿈결에 길을 지나다 당한 사고는 아닐까? 쥐 두 마리를 동시에 쫓고 쫓기는 먹이 사냥을 벌이다 차에 치였을까? 형사처럼 사고원인을 분석해 보았다.

몸집이 작은 동물일수록 잠을 많이 잔다고 한다. '흰족제비는 하루 15시간, 고양이는 13시간, 사람은 8시간, 코끼리는 겨우 3시간 잔다.' 잠이 많은 족제비는 잠결에 눈비비고 길을 넘나들다 사고를 당했는지 모른다. 또는 로드 킬 원인이 애정행각일 수 있다는 추측도 해 보았다. 매년 2~3월은 족제비가 짝짓기를 하는 시기다. 수태기간은 약 37일이고 한배에 한 마리에서 7마리까지, 보통 4마리를 낳는다. 2월 말 욕망에 사로잡혀 사랑놀이를 하다가 함께 차에 치었는가. 옛말에 '사랑은 지붕 아래 은거에서 하라' 하였건만. 동물이기에 종횡무진 질주하며 들판과 도로를 질펀한 사랑 무대로 삼다가 종족보전의 임무를 다하지 못하고 로드 킬을 당했을 거다. 딱한 노릇이다.

족제비는 먹이를 탐내다 치어 죽는다거나 족제비는 욕심 대문에 죽는다. 라는 속담이 있다. 이 말은 먹이를 탐내다 덫에 치인다는 뜻이다. 카프카의 '족제비'에서 한 농가의 닭을 모두 폐사시킴으로서 화가 난 농장주로부터 죽임을 당하게 된다는 거다. 욕심꾸러기인 족제비의 성미를 전라도 촌로의 말씀을 빌려보자.

"원래 쥐새끼 천적은 괭이가 아니라 족제비여. 괭이는 배부르믄 쥐를 안 잡제. 근디 족제비란 놈은 지 배싸대기가 불러두 쥐새끼를 재미루다가 다 쥑여불제. 몸도 괭이보다 날씬허게 잘 빠져갔고. 족제비 사는데능 쥐새끼들 씨가 말라부러."

도로에서 동물의 주검을 보는 일은 유쾌하지 않다. 족제비도 지구촌 생물 중 하나다. 족제비 한 쌍의 로드 킬을 보고 스치는 생각. 프로이트가 '인간의 본성을 쾌락 특히 성적쾌락의 추구'로 말하였을지라도 사랑놀이는 때와 장소를 가려야 되겠다. 재미삼아 저지른 "미투"로 개인의 신뢰와 명예가 땅에 떨어지는 족제비 신세가 될 수 있다. 지나친 탐욕은 화의 근원이 되기도 한다.

그렇더라도 2, 3월에는 족제비의 안전을 위해 둑길 운전자는 서행을 하면 좋겠다.

# 오리의 기지개

궁남지의 오후는 한가로웠다. 둥근 방석 같은 빅토리아연꽃의 잎 위에는 오리 한 마리가 서 있었다. 신기하게 여긴 이들이 그 주변에 모여들어 웅성거려도 오리는 아랑곳하지 않고 석양에 낮잠을 즐기고 있었다. 두 발로 서서 눈을 감고 졸다가 한 발로 서서 졸기도 했다. 석양빛이 따사로웠든지 웅성거리는 소리가 싫었든지 머리를 날개깃 안에 묻고 자기도 하였다. 카메라 셔터 소리가 요란해도 요지부동이었다.

30여 분 이상을 관찰하면서 사진을 찍고 있었는데 드디어 오리가 고개를 들었다. 눈을 떴다가 감기를 여러 차례 반복했다. 그 후 몇 분이 지났을 무렵 돌려차기하듯 오른발을 옆으로 서서히 들어 올려 쭉 뻗었다. 동시에 날갯죽지도 함께 펼쳤다. 날개 밖으로 물갈퀴만 보였다. 마치 발로 날개를 밀치는 것처럼 보였다. 한참 지나 동일한 방법으로 오른발과 죽지를 펴더니 다시 눈 감고 조는 자세다. 오리의 몸동작을 잊어버릴 즈음 반대편 다리와 날개깃을 전과 같이 들어 올렸다. 바쁠 게 없었다. 나무늘보의 걸음처럼 만만디다. 저런 동작은 과연 무엇인가. 또 한참 지난 후에 깨금발로 바라보듯 최대한 목을 빼고서 양 날개로 홰를 쳤다. 수탉같이 홰를 쳤으나 '꽥~꽥' 소리는 내지 않았다. 야생의 삶이니 천적에게 들키면 안 되었던지 소리 없이 날갯짓만 하였다. 그런 다음 물속으로 들어가 헤엄을 쳤다. 물 위에서 놀다가 고개를 물속으로 처박고 자맥질을 하였다. 궁둥이만 물 위로 솟아 있어 마치 동해의 독도 같았다. 몇 번의 자맥질로 배를 채우고 다시 조금 전에 서 있었던 그 잎 위로 올라왔다. 진저리쳐서 물기를 제거한 다음 다시 낮잠을 즐기는 자세였다.

오리가 취한 이런 일련의 발차기와 날갯죽지 펴기, 목을 늘여 빼고 홰를 치는 것은 오리의 기지개가 분명했다. 평생 물 위에서 헤엄을 치며 사는 오리이건만 입수 전에 반드시 준비운동을 한다는 것을 알게 되었다. 역설하자면 오리도 그냥 물속으로 풍덩 뛰어들면 심장마비로 죽을 수 있다. 이를 방지하기 위해 십여 분에 걸쳐 몇 차례 기지개를 켜는 거다.

기지개는 유연성 증진과 부상 방지 효과가 있다. 갑작스럽게 운동하게 되면 자칫 부상으로 이어질 수 있다. 부상 방지를 위해 사전 스트레칭이 중요하다. 기지개를 켜면 이완된 몸의 근육이 수축하게 되면서 혈액순환이 원활해진다. 특히 동맥을 활성화해 몸 안의 정체된 피를 순환시키고 에너지가 온몸으로 퍼져나가게 한다. 차가운 물속에서도 심장마비를 당하지 않도록 홰를 치는 스트레칭으로 종아리는 힘을 받고 날개깃 근육들을 조율한다. 이렇게 하면 몸에 축적된 피로를 어느 정도 회복시켜 준다. 어제 놓친 고기에 대한 스트레스도 해소시키는 효과가 있다. 기지개는 성장에도 좋다. 어린아이들에게 두 다리를 잡고 '쭉 커 쭉 커'를 해주면 밤새 무럭무럭 자라듯이 오리가 물 위에 뜰 수 있게 궁둥이 평수를 키워주는지도 모르겠다.

오리는 스스로 체득한 몸에 밴 기지개를 켜는 게 분명하다. 오리만 기지개를 켜는 게 아니다. 고양이도 기지개를 켠다. 요가에서 고양이 자세는 잘 알려진 스트레칭 방법 중 하나다. 해 질 무렵 오리가 기지개를 켜고 난 후 물놀이를 하는 모습을 보면서 바로 저거야 하며 무릎을 쳤다.

한 번은 드라이버를 휘두르다 허리를 다친 적이 있었다. 준비운동을 하지 않은 게 화근이었다. 가벼운 스트레칭만 했더라도 일어나지 않았을 부상이었다. 특히 나이가 들면 잠자리에서 일어나기 전에 눕거나 앉은 자세로 스트레칭을 하는 게 중요하다. 벌떡 일어나다 근육이 경직되어 중심을 잃거나 쓰러지는 일도 종종 있기 때문이다. 요즈음 이불 속에서 일어나기 전에 두 다리를 쭉 뻗고 손을 펴서 두 팔을 머리 위로 쭉 뻗어 최대한 온몸을 늘여 뺀다. 시원한 느낌이다. 온몸이 펴지도록 두세 번 반복하면 가뿐하게 일어날 수 있다. 이런 날은 하루를 상쾌한 마음으로 시작할 수 있다.

오리의 기지개, 스트레칭은 신선한 충격이었다. 무슨 일이든 기본이 중요하다는 것을 새삼 깨달았다. 오리의 여유로운 휴식과 기지개를 켜는 일상을 보면서 헐레벌떡 달려온 자신을 돌아보는 계기가 되었다. 기본을 소홀히 하다 인생의 허리를 다치는 일 없게 하라는 무언의 메시지 같았다.

# 홍가슴풀색하늘소

산골식당 앞이다. 통나무 더미가 놓여 있다. 여전히 무더운 9월 초 나는 나무를 너무 좋아하여 나뭇더미로 다가갔다. 수피를 살펴보니 며칠 전에 베어온 굴참나무, 졸참나무와 산벚나무 등이다. 잠깐 살피는 중에 수피에 모여서 움직이는 곤충을 보았다.

어린 시절에 보았던 길앞잡이 같았으나 그것보다 조금 작았다. 곤충의 몸길이는 2~3cm 내외이고 폭은 약 5mm 정도였다. 몸 표면에는 무늬가 전혀 없고 가슴은 주황색이고 머리와 날개덮개인 딱지날개는 빛나는 청록색으로 매우 아름다웠다. 머리에는 어사화 같은 안테나 즉 촉수觸手가 길게 뻗어 있었다. 두 마리가 서로 업고 업힌 상태다. 업고 있는 개체가 좀 더 크고 업혀있는 개체는 작았다. 아래 것은 암컷이고 올라탄 개체는 수컷이다. 촉수가 긴 것으로 보아 하늘소 종류가 맞는데 어떤 종인지는 알 수가 없었다.

도감을 보았더니 딱정벌레목 하늘소과 홍가슴풀색하늘소였다. 도감에는 "6~8월에 볼 수 있고 꽃에 모인다."라고 적혀있다.

그 순간 기록을 남기고 싶은 욕망이 일어서 나는 차에 놓아둔 카메라를 들고서 조금 전에 보았던 녀석을 찾아갔다. 다행히도 이들은 약간 옮겨갔으나 업고 업힌 조금 전 그 모습 그대로였다. 카메라 앵글을 맞추어 사진을 찍었다.

둘은 교미를 하는 것으로 생각하였는데 순간 포착된 이미지는 두 몸통이 서로 떨어져 있었다. 그런데 업고 있는 암컷의 꼬리 부분이 졸참나무 나무껍질 틈을 향해 있었다. 마치 주사를 주는 모습이다. 그 후 곧바로 암컷은 지르박 스텝으로 두서너 걸음 옮기고는 다시 꼬리를 쑥 빼서 나무껍질 틈새에 넣었다. 마치 제비가 새끼에게 먹이를 주는 모습 같았다. 나는 이 녀석들의 모습을 주시하면서 셔터를 눌러댔다. 이들은 카메라 셔터 소리나 내가 응시하는 것쯤은 아랑곳하지 않았다. 졸참나무 나무토막을 두어 바퀴 돌면서 나무껍질 틈새가 있는 곳마다 똑같은 행위를 계속했다. 참 신기했다. 분명 이는 틀림없이 알을 낳는 행위일 것이다. 너무나 정성 들여 나무껍질 틈새에 알을 낳았다.

암컷 몸속에 있는 수정된 알을 통나무 나무껍질 틈새에 몇 개씩 붙여 놓는 행위가 분명했다. 종족 보존을 위해 가장 안전한 곳에 알을 분산시켜 낳는 것이다. 도감에 6월부터 8월에 볼 수 있다고 하였듯이 8월 말이나 9월 초에는 알을 낳고 성체는 죽게 될 것이다.

종족 보존을 위한 성스러운 의식으로 생각하고 있을 때 또 다른 개체가 눈에 띄었다. 두 마리가 같은 통나무를 배회하다가 금세 눈이 맞은 모양이다. 곧바로 큰 개체 위에 작은 개체가 올라탔다. 그러더니 한참 암컷 배설공을 찾아 수컷은 생식기를 쑥 내밀어 넣었다. 교미는 얼마나 진중한지 가끔 목을 내밀듯 머리와 꼬리 부분 사이에 놓인 주홍색 가슴 부분이 2~3번 신장과 수축을 반복하였다. 한 30여 초 지나더니 두 마리의 신열身熱과 떨리는 전율을 보았다. 대낮에 그것도 아스팔트 길가에서 사랑놀이를 하였다.

교미가 끝난 후 30초 정도 잠시 그대로 멈춰있었다. 수정은 끝났지만, 홍가슴풀색하늘소는 그대로 업고 업힌 채로 조금 전에 보았던 개체처럼 나무 틈새마다 알을 집어넣는 행위를 계속하였다.

주변에 놓인 통나무를 살피면서 혹시 산벚나무에도 알을 낳는지를 확인해 보았으나 산벚나무 토막에는 알을 낳거나 배회하는 개체는 찾을 수 없었다. 홍가슴풀색하늘소 다른 무리도 모두 참나무에만 매달려 이동하였다. 홍가슴풀색하늘소의 숙주식물은 참나무로 생각된다. 내년 봄에 알이 부화하여 애벌레가 되면 참나무 잎을 먹고서 날개가 돋게 될 것이다. 누에가 뽕을 먹고 자라듯.

애석하게도 홍가슴풀색하늘소는 잘린 나무토막에 알을 낳았다는 사실을 모른다. 야적한 나무들은 올겨울 화목으로 이용하려고 가져다 놓은 것이 분명하다. 사진을 촬영하는 동안 이들을 살릴 방법은 없는가 생각해 보았다. 알을 실은 나무토막을 가져다가 톱질을 하고 도끼로 쪼개 장작더미를 만들 것이다. 그리고 어느 눈 오는 겨울날 장작더미를 가져다 화덕에 넣고 불을 지피는 날이면 알들의 운명은 어떻게 될까를 생각하니 끔찍하기 짝이 없다. 반면 화목으로 사용되지 않아서 내년 봄 알에서 애벌레로 부화할지라도 참나무 장작에는 새로운 녹색 잎이 없을 테니 애벌레는 굶어 죽게 될 것이 뻔하다.

내게 톱이 있었더라면 알을 낳아 놓은 나무토막을 잘라서 주인의 눈에 띄지 않는 숲속 졸참나무에 기대어 숨겨주고 싶었다. 베어온 장작더미에 옮겨온 홍가슴풀색하늘소가 보여주는 생명의 신비를 깨닫기도 전에 그 알들의 운명을 생각하니 가슴이 먹먹하다.

홍가슴풀색하늘소는 겨울을 잘 견디게 종족 번식을 위한 유비무환有備無患의 알을 참나무 나무껍질 사이에 슬어 놓았다. 그러나 홍가슴풀색하늘소는 알을 낳은 나무가 화목용 나무토막인 것을 모른다. 마치 이재理財를 위해 우량(?) 주식에 투자한 개미군단의 기대와 같이 오늘 홍가슴풀색하늘소의 기대에

찬 알 낳기는 헛수고로 여겨진다. 우리도 살다가 이렇게 헛물켜고 헛심 쓰며 헛발질하는 일이 없기를 바랄 뿐이다.

이 글을 쓰는 순간에도 아름다운 홍가슴풀색하늘소가 눈에 선하고 알의 운명을 생각하니 씁쓸한 마음 금할 길 없다.

# 팔색조

"팔색조다."

보자마자 외쳤다.

"고창 선운산도립공원에 팔색조가 나타났다."

도솔암을 오르는 길가에서 만났다. 꽃무릇이 흐드러지게 핀 9월 26일, 전라북도에서 내가 처음 팔색조를 발견한 것이다.

며칠 전 선운산문학마당 회원들에게 메일을 보냈다.

"… 선운산 골짜기에 석산이 만개하였습니다. 혹여 그리움 절절한 회원님 계시거든 한가위 전날, 오후 3시에 선운사 경내에서 뵙겠습니다. 함께 산행하면 좋겠습니다."

정작 만나고 싶은 반가운 얼굴들은 나오지 않았다. 무슨 사정이 있었을 것이다. 다행스럽게 경기대 K교수 부부와 중앙대 L교수를 만나 도솔암으로 향했다. 끝없이 펼쳐진 꽃무릇 길을 따라가다 팔색조를 보는 횡재를 했다.

팔색조는 멸종위기보호야생종이고 천연기념물로 지정된 보호종이다. 동남아시아지역과 한국과 일본에 번식하고 있는 새다. 몸길이는 18㎝ 정도다. 일곱 빛깔 무지개 색 깃털을 가지고 있어 매우 아름답다. 머리 정수리는 갈색이고 그 아래 양옆으로 노란색과 검은색 띠가 곱다. 목댕기는 흰색, 등과 어깨깃은 녹색, 허리 위 꼬리덮깃은 밝은 쪽빛, 배의 중앙과 아래 꼬리덮깃은 진홍색이다. 꼬리는 흑녹색이고 부리는 검은색, 다리는 황갈색이다. 보면 볼수록 색의 마술사 같은 새다. 팔색조는 주로 제주도나 거제도, 완도 같은 남해안에서 발견되었는데 올 여름 무등산국립공원에서도 발견된 적이 있었다. 내가 찾은 팔색조는 울지 않았다. '호오-잇, 호오-잇' 울어주면 좋겠는데, 날지도 않고 껑충껑충 뛰기만 하였다. 사진을 찍어도, 오가는 상추객賞秋客들이 웅성거려도 제 갈 길만 재촉했다. 우리처럼 꽃무릇 구경을 온 것인가, 착각할 정도로 날지 않고 꽃밭 사이를 오갔다. 유조도 아닌데 날지를 못한다. 어디가 아픈가. 맹수에 쫓겨 혼쭐이 난 것인가. 도솔암 오르는 길에 보았는데 내려오면서 또 만났다. 여전히 껑충거릴 뿐이었다. 날지 못하는 팔색조는 얼마나 답답할까마는 사진을 찍는 나는 기뻐서 마음이 달떴다. 한편 떠나야 하는 먼 길 앞에 두고 날지 못하는 녀석의 처지를 생각하니 안타까웠다.

오늘 만난 팔색조가 가을철 동남아로 이동하는 중간 기착지로 선운산을 이용한 것인지 아니면 선운사 동백 숲에서 번식한 개체인지 내년 여름에 정밀 조사를 해봐야 알 것 같다. 부디 힘찬 날갯짓으로 동남아로 무사히 이동하기를 빌어본다.

회원들과 동행하지 못한 아쉬움은 있었으나 멸종위기종이고 천연기념물인 팔색조를 만난 거는 내겐 큰 기쁨이고 행운이었다. 그것도 가까이에서 사진을 찍을 수 있게 포즈를 취해준 팔색조에게 감사한다. 인간사 새옹지마塞翁之馬라 하였던가. 일희일비一喜一悲다. 회원들과 함께하지 못해 일비요 도반道伴을 만나 산행하니 일희다. 팔색조를 만난 즐거움은 일희요, 팔색조가 날지 못함은 일비다. 희비는 여반장如反掌같다. 희비는 함께 있다. 긍정마인드로 묵묵히 황소걸음을 걸어야겠다. 만나는 인연을 소중히 여기고, 풀과 나무, 산짐승이나 새도 친구로 여기고 살아야겠다.

오늘의 길동무는 팔색조, 너였다.

# 원숭이 단상

원숭이가 손에 든 검은 봉지를 낚아채갔다. 먹을 게 없는 모양인지 실망한 눈치였다. 자리를 피해 딴전을 부렸다. 분수대에 가서 물을 먹다가 상대의 몸을 만지고 털을 손질해 주었다. 털 고르기 작업을 놀이로 하면서 서로 스킨십을 했다. 만국기처럼 타루초[經文旗]가 펄럭였다. 카트만두에서 가장 오래된 스와얌부나트, 원숭이 사원에서다. 원숭이가 주인처럼 활보했다.

일본 잇코 도쇼구 지역의 도구가와를 모신 신사에는 벽화 중에 '산자루[三猿]'가 있다. 바로 듣지 않고, 보지 않고, 말하지 않는 원숭이 세 마리다. 이곳을 방문한 수많은 일본인들은 나쁜 것은 듣지도, 보지도, 말하지도 말라는 것을 핵심 철학으로 삼았다고 한다. 욱하고 삐치기 쉬운 오육십 대 세대들이 새겨야 할 벽화가 아닌가 싶다. '네 탓이 아니라 내 탓'이라고 말이다.

병신년, 붉은 원숭이의 해가 열렸다. 손오공, 원숭이는 나무를 아주 잘 타고 재주가 많고 슬기로워서 재수와 장수, 지혜의 상징으로 여긴다. 강한 군서성群棲性과 우수한 지능을 가진 원숭이는 포유류 중에서 가장 진화된 종이다. 진화론자들은 원숭이를 인간 조상으로 지목한다. 흔히 꼬리가 있으면 원숭이猿, 없으면 유인원類人猿으로 구분한다. 인간과 더불어 긴팔원숭이, 오랑우탄, 고릴라, 침팬지, 보노보는 꼬리가 없어서 유인원이다. 원숭이 중에 바버리마카크 원숭이는 매우 짧은 꼬리가 있어서 원숭이고, 꼬리가 없는 긴팔원숭이는 원숭이라고 부르지만 유인원이다. 도킨스는 "우리는 모두 아프리카 유인원이다."라고 말했다.

영장류 전문가인 프란스 드왈은 ≪유인원에 속한 우리, our inner Ape≫라는 저서에서 침팬지와 보노보를 인간과 비교했다. 침팬지와 보노보라는 원숭이는 외견은 비슷하지만 둘의 행동은 아주 딴판이다. 보노보는 모계 중심사회를 이루는 종류로 침팬지보다 더 평화적이다. 서로 간에 다툴 일이 생기면 싸우는 게 아니라 섹스로 해결을 한다는 것이다. 전쟁이 아니라 사랑을 선택하는 히피족들처럼. 암컷 보노보가 성에 집착하는 이유는 다른 보노보가 자기의 새끼를 해치지 못하게 하는 노림수라고 한다. 모든 수컷 보노보와 섹스를 하면 모두 내

새끼로 착각하기 때문이란다. 반면 침팬지는 힘을 우선시하는 부계 중심사회를 이루고 있다. 침팬지는 자신의 식구가 아니면 대단한 폭력성을 드러낸다. 수컷들은 매우 공격적이고 잔인하게 살생하는데 때론 동족을 잡아먹기도 한다. 침팬지의 행동양식은 마치 르완다와 보스니아의 집단학살을 연상케 한다.

인간은 섹스와 폭력성 둘 다를 가졌다. 인간은 700만 년 전에 침팬지와의 공통 조상에서 분기하였다. 피그미침팬지는 12번 유전자와 13번 유전자가 그대로 남아 있으나 인간은 진화하면서 12번과 13번이 융합하면서 일부 유전자가 유실되는 대사건이 일어났다. 그래서 침팬지의 유전자는 48개이고 사람은 46개다. 이들 유전자가 융합하면서 그 양 끝단의 유전자가 생각하는 뇌, 도구를 사용할 수 있는 뇌로 발달하였다는 것이다. 유전자 분석을 해보면 침팬지와 인간은 98.4%가 같다. 단지 1.6%만의 차이가 인간의 뇌로 발달시켰다. 현재 지구상의 폭력자나 정복자로서 군림하고 즐기기 위해 성교를 하는 유일한 존재가 되었다.

재레드 다이아몬드는 ≪제3의 침팬지≫에서 인간의 섹스와 폭력성을 경고하고 나섰다. 언어 습득으로 인류가 진보해 왔으나 섹스와 폭력성과 환경파괴로 인해 인류가 몰락할 수 있다는 것이다. 또한 인구의 기하급수적인 증가, 약물남용 및 핵폭발 위험 등도 멸망 위기의 요소로 보고 있다.

자연은 균형과 조화를 기반으로 순환한다. 인간만이 자연에 순응하지 않고 불균형한 세상을 만들고 있다. 산업혁명은 대도시를 탄생시켰고 환경오염을 가중시켜 오늘날 지구촌 생물의 생존을 위협하고 있다. 그럼에도 불구하고 인간은 섹스와 폭력성으로 자신만의 안락을 추구하고, 국가는 자국의 번영이란 명분 아래 탐욕적인 패권을 행사하는 현실이다. 패권적 인간과 원숭이 사원의 원숭이, 누가 더 행복지수가 높을까. 누가 자연 파괴의 주범인가. 인간은 언제쯤 욕심을 내려놓을 수 있을가. 지구별 여행자의 자유롭고 영속적인 삶은 과연 가능할까.

# 게들의 잔치

게들은 수줍음쟁이다. 게들은 시골 처녀다. 이방인이 오면 설렘 속에서 가슴앓이 하는 못난이다. 내가 다가서면 제집으로 쏙 들어가고, 조금 멀어지면 뒷모습을 보러 집에서 나와 다시 고개를 내민다.

이것은 8월 10일, 신안군 하의면 신도해수욕장의 석양 풍경이었다. 무더운 날이었지만 육지에서 멀어서인지 해안은 텅 비어 있었다. 약 4km 되는 해수욕장 주변에는 청색 텐트 하나가 있었다. 젊은 남자가 웃옷을 벗은 채 로빈슨 크로스가 되어 해안을 거닐었다. 나는 찻길에서 해변으로 걸어갔다. 곰솔림을 가로질러 해안에 당도하니 해수욕장은 명절 전날 곱게 쓸어놓은 마당 같았다. 너무 깨끗해서 차마 발을 들여놓기가 민망할 정도였다. 백사장을 걸으면서 보았더니 정말 깨끗하게 비질을 해놓은 자국이 역력했다.

자세히 살펴보니 백사장에는 무수히 많은 구멍이 있었다. 그 구멍들은 다름 아닌 게들의 집이었다. 어느 구멍 하나 빈 것은 없었다. 내가 해수욕장에 당도하니 모든 게들이 문밖으로 나와 나를 반겼다. 내가 오는 날을 손꼽아 기다리기라도 하듯 말이다. 내가 게를 향해 한 발짝 옮기면 4~5m 전방에 있는 게들은 수줍어 자기 집으로 살짝 숨어버린다. 발소리에 놀랐을까 하고 발걸음을 사뿐히 옮겨도 결과는 똑같았다. 게들은 내가 멀어지면 다시 구멍에서 나와서 수줍은 듯 바라보며, 새 손님이 잘생겼다는 둥, 어제 손님은 비키니였는데 오늘은 등산복 차림이라고 소곤거린다. 고개를 돌려 바라보려는 순간, 또 숨어버린다. 마치 섬마을 부끄럼 많은 처녀 같았다. 이방인이라도 오면 자신의 홍조紅潮를 숨기려고 담 밑으로 몸을 숨겼다가 멀어지면 뒤를 바라보는 색시 말이다.

나는 게와 눈 맞춤을 할 요량으로 작은 갯바위에 걸터앉았다. 몇 분이 지나자 나와 근거리에 있는 게들이 수군거리며 집에서 나왔다. 내가 마네킹처럼 망부석이 되었을 때, 게들의 잔치는 시작되었다. 한 마리가 발을 떼서 움직이는 순간, 다른 녀석들도 경계를 풀고 함께 움직이기 시작했다. 8개의 다리로 앞으로 옆으로 걸으면서 양 집게발로는 열심히 백사장 모래를 비질해서 입에 넣었다. 입을 우물거리고 나면 작은 모래떡이 만들어진다.

이렇게 게들의 잔치는 시작되었다.

백사장에는 온통 게 천지였다. 잘 살펴보니 집게발로 음식을 잘도 집어 먹었다. 움켜 넣을 때마다 모래가 입으로 들어갔다. 게들이 모래를 먹는 것 같았으나 모래는 작은 구슬로 토해 놓았다. 이것이 모래떡이다. 이러한 행동을 여러 번 하고 나서는 이제 배설공으로 바다의 짠물을 두세 방울 배설했다. 온 백사장의 게들이 잔치에 참석하여 고물을 만들고 모래떡을 만들었다. 그리고 게들의 비질은 다름 아닌 두 개의 집게발로 긁어놓은 빗살무늬 자국이었다. 너무나 곱고, 세련된 환상적인 문양이다.

게들의 잔칫날! 해수욕장에서 로빈슨 크로스와 비키니 아가씨가 백사장에 흘려 놓은 쓰레기를 게들은 하나도 남김없이 치우고 있었다. 한 마리의 힘으로는 할 수 없지만, 둘과 둘이 모여 커다란 힘이 될 때, 온 백사장은 말끔히 치워졌다. 정말 신도해수욕장은 깨끗한 백사장이 되었다. 새날, 새 손님 맞을 준비를 게들은 단결된 힘으로 모래톱을 고르고 있었다.

게들의 잔치는 아직 끝나지 않았는데 긴 해변을 뒤로한 채 곰솔림을 빠져나오는 순간 피서객들이 버린 쓰레기 더미가 눈에 띄었다. 배를 타고 하의도로 가는 동안 그 쓰레기가 내 마음을 자꾸 짓눌렀다.

## ■ 연보

1957 전북 고창군 신림면 가평리 431번지에서
흥덕향교 전교 임한풍과 장순례 사이에서 출생
1970 가평초등학교 졸업
1973 고창중학교 졸업
1976 전주신흥고등학교 졸업
1981 육군 병장 제대
1883 전북대학교 생물학과 이학사
1985 전북대학교 대학원 생물학과 이학석사
1985 전북대학교 생물학과 조교
1989 전북대학교 대학원 생물학과 이학박사
1990 호남대학교 생물학과 교수 임용
2001 수필과비평으로 등단
2010 한국문인협회 회원
2011 선운산문학 사무국장
2012 광주문인협회 회원/이사,
2015 수필과비평 이사,
2015 호남대학교 학술정보원장
2016 남도수필 전회장
2017 수필과비평작가회의 부회장
2019 호남대학교 교수/교무처장

■ 학회활동

1993 한국식물학회 이사

1996 한국식물학회 발전위원회 위원

1998 한국환경생태학회 이사

2005 한국환경생태학회 학술부회장

2007 한국환경생태학회 국립공원분과위원장

2008 산이된 사람들(국립공원분과위 20년의 발자취) 편찬위원장

2009 한국환경생태학회 편집위원장

2010 한국환경생태학회 20년사 편찬위원장

2010 Landscape and Ecological Engerineering(Japan) 편집위원

2010 한국환경생물학회 편집위원

2014 한국환경생태학회 학회장

2017 한국환경생태학회 30년사 발행인

■ 사회봉사

1997 환경부 자연환경 조사 연구원

2000 KBS 환경스페셜 '생태보고 백도(2000. 8. 23)' 자문 및 인터뷰

2000 한국자연환경 보전협회 이사

2005 다도해해상국립공원 공원관리협의회 위원
2005 내장산국립공원 남부사무소 공원관리협의회 위원
2007 영산강유역환경청 멸종위기종 인공증식 심사위원
2007 전라남도 발전정책자문위원회 위원
2008 영산강물환경연구소 수계관리위원회 위원
2008 일등광주건설 범시민추진위원회 위원
2008 한국환경기술연구원, 2008년 생태분과 환경기술연구회 위원
2009 EBS 하나뿐인 지구의 '남창계곡의 봄' 자문 및 인터뷰
2009 영산강유역환경청 멸종위기종선정 심사위원
2009 호남권 생물자원관 건립을 위한 T/F팀 위원 (광주광역시)
2010 광산구사(광주광역시 광산구) 편찬위원
2010 광주광역시 성과평가위원회 위원
2010 영산강유역환경청 환경영향평가 위원
2011 내장산국립공원 백암사무소 구역조정협의회 위원
2011 국립낙동강생물자원관 건립위원회 위원
2012 광주광역시 녹색성장 기획연구단 위원
2014 광주광역시 기후변화대책위원회 위원
2014 광주광역시 환경영향평가 심의위원회 위원
2015 광주전남 환경보전협회 자문위원
2016 다도해해상국립공원 공원관리위원회 위원
2017 국립공원 50주년 기념행사 추진위원
2017 무등산국립공원 협치위원회 위원

2017 국립생태원 자문위원

2017 한국과학기술단체총연합회 이사

2017 환경부 '국립공원50주년 기념행사' 추진위원회 위원

2018 광주시 아리랑문화물길 자문위원

2019 고창중 · 고등학교 100년사 편찬위원

2019 광주환경공단 생태하천 숲 보존 기술자문위원회 위원

2019 영산강유역환경청 성과평가위원회 위원

## ■ 수상

2006 대한문학 작가상,

2001 2010 환경부장관 표창(2회)

2011 과학기술우수논문상(한국과학기술단체총연합회)

2011 국무총리 표창

2015 신곡문학상

2018 교육부장관 표창

2018 한국환경생태학회 공로상

## ■ 수필집

2001 《계룡산의 아침이슬은 약이 될까?》

2014 《게들의 잔치》

2017 《꿈꾸는 굴렁쇠》

2020 《무등산은 하늘이어라》

■ **전문서적**

2001 《생물학》

2002 《식물의 발생형태》

2005 《원색 대아수목원 식물도감》

2007 《최신 조경식물학》

2008 《웰빙건강학》

2008 《자연과학개론》

2009 《생명과학-지구의 생명-》

2011 《히어리》

2012 《환경생태학》

2015 《호소에서 살아가는 생물이야기》

전문학술지 논문 게재: 60여 편

현대수필가 100인선 II· 60
임동옥 수필선
# 무등산은 하늘이어라

초판인쇄 | 2020년 10월 15일
초판발행 | 2020년 10월 20일

지은이 | 임 동 옥
펴낸이 | 서 정 환
펴낸곳 | 수필과비평사 · 좋은수필사

주 소 | 서울시 종로구 삼일대로 32길 36.
(익선동 30-6)운현신화타워 305호
전 화 | 02)3675-5635, 063)275-4000
등 록 | 제300-2013-133호
홈페이지 | http://www.shinapub.com
e-mail | essay321@hanmail.net

값 10,000원

ISBN 979-11-5933-294-4 04810
ISBN 979-11-85796-15-4 (세트)